Fou des cupcakes

Krystina Castella

Traduit de l'anglais par
Lorraine Gagné

ADA
éditions

Copyright © 2006 Krystina Castella
Titre original anglais : Crazy about Cupcakes
Copyright © 2010 Éditions AdA Inc. pour la traduction française
Cette publication est publiée en accord avec Sterling Publishing Co., Inc, New York

Éditeur : François Doucet
Traduction : Lorraine Gagné
Révision linguistique : Isabelle Veillette
Révision : Carine Paradis, Suzanne Turcotte, Marie-Yann Trahan
Montage de la couverture : Sylvie Valois, Matthieu Fortin
Mise en pages : Sylvie Valois
ISBN : 978-289-667-059-8
Première impression : 2010
Dépôt légal : 2010
Bibliothèque et Archives nationales du Québec
Bibliothèque Nationale du Canada

Éditions AdA Inc.
1385, boul. Lionel-Boulet
Varennes, Québec, Canada, J3X 1P7
Téléphone : 450-929-0296
Télécopieur : 450-929-0220
www.ada-inc.com
info@ada-inc.com

Diffusion
Canada :   Éditions AdA Inc.
France :   D.G. Diffusion
                  Z.I. des Bogues
                  31750 Escalquens — France
                  Téléphone : 05.61.00.09.99
Suisse :   Transat — 23.42.77.40
Belgique :   D.G. Diffusion — 05.61.00.09.99

Imprimé en Chine   SODEC
Participation de la SODEC.
Nous reconnaissons l'aide financière du gouvernement du Canada par l'entremise du Programme d'aide au développement de l'industrie de l'édition (PADIÉ) pour nos activités d'édition.
Gouvernement du Québec — Programme de crédit d'impôt pour l'édition de livres — Gestion SODEC.

Catalogage avant publication de Bibliothèque et Archives nationales du Québec et Bibliothèque et Archives Canada

Castella, Krystina

    Fou des cupcakes

    Traduction de: Crazy about cupcakes.
    Comprend un index.

    ISBN 978-2-89667-059-8

    1. Petits gâteaux. I. Titre.

TX771.C3414 2010   641.8'653   C2010-941280-X

À ma grand-mère Madeline Lucarelli,
qui nous a enseigné que la cuisson était le secret du bonheur.

Un merci tout spécial à mon mari, Brian,
avec qui j'ai partagé plusieurs bons moments de créativité dans la cuisine.

Remerciements

Merci à mes éditrices, Danielle Truscott, Abby Rabinowitz et Caitlin Early, pour leur véritable enthousiasme et leur important support dans la création de ce livre. Merci à Lara Comstock d'avoir révisé le manuscrit. Et merci aussi au photographe Ed Rudolph et à son équipe, Eric Staudenmaier, Amy Paliwoda, Maggie Hill-Ward, Marcella Capasso, Julie McKevitt, d'avoir apporté leur aide dans la création d'images et de cupcakes incroyables. Merci à ma famille pour son support. Et merci à vous, mes amis et mes étudiants, d'avoir mangé des milliers de cupcakes bons et moins bons afin d'aider à améliorer les recettes de ce livre.

Un cupcake, qu'est-ce que c'est ?

C'est un petit gâteau léger et aéré cuit dans un moule à cupcakes ou à muffins. Le moule peut être recouvert de caissettes en papier ou en aluminium, ou bien graissé ; on démoule ensuite les cupcakes. On les glace et, si désiré, on les décore. On détache tout simplement la caissettes en papier ou en aluminium avant de manger. Un cupcake peut être servi sur une assiette et mangé avec une fourchette, mais la plupart du temps, la meilleure façon de savourer un cupcake est de le briser en morceaux et de le manger avec vos doigts.

● ● ●

L'historique des cupcakes

Alors que je préparais ce livre, j'ai interrogé des spécialistes du folklore, des critiques gastronomiques, des professeurs d'historique alimentaire, puis j'ai fait des recherches dans plusieurs bibliothèques pour essayer de découvrir l'origine des cupcakes. Qu'est-ce que j'ai trouvé ? Qu'il n'y a pas beaucoup d'écrits au sujet de l'histoire culturelle des cupcakes. Voici ce que je sais.

Le terme « cupcake » a été mentionné pour la première fois dans le livre *Receipts*, de E. Leslie, en 1828. Rompant avec la tradition du temps, qui était de peser les ingrédients, on a commencé à les mesurer avec des tasses. On peut lire, dans le livre *Baking in America*, de Greg Patent, que le fait de mesurer était révolutionnaire à cause du temps sauvé dans la cuisine. *The Oxford Encyclopedia of Food and Drink in America* explique que le mot « cup » (tasse) avait une double signification, car la cuisson se faisait dans des petits contenants, y compris des tasses à thé.

La cuisson dans des tasses était pratique, car un gros gâteau mettait beaucoup de temps à cuire dans des fours à sole. Les moules à petits gâteaux et à muffins étaient d'usage courant dans les cuisines au tournant du XXe siècle, et on faisait cuire les cupcakes dans ces moules.

Dans les années 1900, les cupcakes sont devenus les gâteries populaires pour les enfants, grâce à leur facilité à cuire. Au début du siècle, Hostess a offert le cupcake-goûter, mais ce n'est que dans les années 1950 qu'il est devenu le cupcake que nous connaissons aujourd'hui.

Plusieurs associent les cupcakes avec la popularité de la cuisson maison des années 1950 et 1960, mais ceci est un mythe. Les cupcakes n'étaient pas plus populaires en ce temps-là qu'ils ne le sont aujourd'hui. Il est probable que ce soient les adultes qui associent les cupcakes avec les souvenirs de leur enfance. Ce qui est différent aujourd'hui, c'est que les cupcakes sont devenus un peu fous ! Traditionnellement, on faisait des cupcakes à saveurs de base, pour les enfants. Aujourd'hui, le cupcake est devenu gourmet, il est désirable et séduisant. Depuis quelques années, on voit s'ouvrir partout au pays des boutiques où l'on vend des cupcakes, et il y a des files de gens qui attendent, tard le soir, à l'extérieur. Cette folie est ici pour de bon.

Table des matières

Introduction

Les cupcakes font sourire les gens.

Tout ceci a commencé alors que j'ai été invitée à un repas-partage dont le thème était le dieu Tiki, et on m'a demandé de « cuisiner quelque chose ». Aussi loin que je puisse me souvenir, on m'a toujours reconnue parmi mes amis comme étant la pâtissière.

Lorsque j'étais enfant, je passais mes dimanches dans la cuisine de ma grand-mère italienne, Grand-mère Lucarelli, à Brooklyn. Elle m'a enseigné des recettes qui avaient un goût incroyable et des techniques qui donnaient une belle apparence à tout ce que nous faisions. La pâtisserie était l'amour de sa vie. Elle cuisinait pour les religieuses du couvent de la rue, elle donnait des gâteaux aux voisins et aux amis tout simplement parce qu'elle ne pouvait pas tout manger ce qu'elle avait fait cuire, et elle aimait partager ses créations. Elle m'a appris que si je perfectionnais mon art de la pâtisserie, je pourrais aussi rendre les gens heureux.

Je me suis mise à la tâche et j'ai alors travaillé à faire de ces créations, après l'école, avec mon équipe de guides et avec les membres de mon équipe de natation pour amasser des fonds. Pour la fête d'anniversaire de mes 16 ans, j'ai préparé un immense gâteau pour plus de 150 personnes. Je cuisinais pour les enfants que je gardais, et aussi lors d'occasions spéciales pour les clients à qui je délivrais les journaux. À l'université, je faisais des fêtes de dessert pour mes amis, dans mon minuscule appartement, afin que nous puissions nous arrêter et nous reposer de nos sessions d'études nocturnes. Lorsque j'ai rencontré mon amoureux, plusieurs années après, à trois mille miles de chez moi et à des millions de cultures de la mienne, je n'ai pas été surprise qu'il me donne le surnom de « Cakie ».

Tout ceci m'a bien préparée pour le jour où j'ai été piquée par la mouche du cupcake. Par ce beau soir d'été, à Los Angeles, en me préparant pour cette soirée Tiki à un condo près de la plage, j'ai décidé de faire des cupcakes.

Pourquoi est-ce que j'ai choisi de faire des cupcakes ?

Un cupcake, c'est agréable. Chacun peut être différent. Chacun a sa propre personnalité. Avec les cupcakes, je peux créer une ambiance et attendre l'occasion.

Les cupcakes sont élégants. Les cupcakes, c'est un mode de vie un peu branché, un peu à la mode — et extrêmement amusant. Je peux m'amuser à changer les recettes et les garnitures, faire des expériences avec les goûts, les couleurs, les formes, les motifs et la texture.

Les cupcakes sont empreints de nostalgie. Ils ravivent les souvenirs des adultes et créent ce qui deviendra des souvenirs pour les enfants. Ils font parler les gens. Chacun a une histoire au sujet d'un cupcake. Ils sont tous surprenants. Interrogez quelqu'un, et vous verrez ce que je veux dire.

Et enfin, les cupcakes sont faciles à transporter. Ils sont faciles à partager puisque ce sont des gâteaux individuels. Et ils ne sont pas salissants, car vous les mettez simplement dans votre bouche.

Les Cupcakes tête du dieu Tiki (voir page 133) ont eu un grand succès. Ils en valaient l'effort. Lorsqu'il y a eu une fête de quartier, j'ai encore fait des cupcakes. Et lorsque j'ai été invitée à un vernissage, toujours des cupcakes. Pour le trente-neuvième anniversaire d'une amie, pour une fête d'Halloween, pour une fête des Oscars, cupcakes, cupcakes, cupcakes.

Je me suis mise à en faire tout le temps. Je faisais des expériences avec des recettes et des décorations pour m'amuser. J'en ai offert à mes collègues à l'université où j'enseigne. Les gens demandaient : « C'est le projet de quelqu'un ? », « Quel est le concept ? », « Est-ce qu'on peut les manger ? » J'ai eu de bonnes critiques — lesquels étaient bons, lesquels avaient une belle apparence, et lesquels avaient besoin d'amélioration. « Trop minimaliste, trop coloré et trop de glaçage », ou bien « Ces saveurs ne font pas partie du même vernaculaire », ou simplement « Génial ».

J'ai réalisé que je devenais folle des cupcakes et que je voulais partager ma passion avec d'autres amateurs de cupcakes. J'ai alors décidé de réunir toutes mes recherches, mes essais et mon expérience dans *Fou des cupcakes*. Une petite fille de 8 ans qui est dans la classe de ma filleule m'a offert de promouvoir le livre et de m'aider avec sa mise en marché à la condition que je la paie en cupcakes. Ça me paraît être un bon échange de procédés.

AU SUJET DE CE LIVRE DE RECETTES

Parlons un peu de *Fou des cupcakes*. Les cupcakes, dans ce livre, sont un point de départ, un album visuel d'images, de recettes et de techniques. J'ai choisi des recettes à thèmes pour vous inspirer, pour vous servir de guide de référence, et comme tremplin pour votre créativité. Je vous incite à vous servir de vos propres recettes de cupcakes et des nombreuses combinaisons de glaçages et de garnitures.

Il y a plus de 300 idées de cupcakes sensationnelles contenues dans les 5 chapitres. Ces chapitres contiennent des recettes de cupcakes pour les fêtes, les réceptions, les événements et les occasions spéciales, parce que — comme plusieurs — je fais cuire des cupcakes pour ces événements. Je suis constamment en train de mettre au point de nouvelles idées pour la décoration et le mélange de saveurs que représente une fête.

Quelquefois, je cuisine tout simplement parce que les cupcakes maison sont bons, et il peut être agréable d'en manger tous les jours, en tout temps. C'est l'idée derrière tout le Chapitre 4, Cupcakes de tous les jours. C'est l'étude des cupcakes sous différents aspects, les cupcakes simples, santé, rapides à préparer ; alors lorsque vous avez le goût d'un cupcake chocolaté, épicé, croustillant, fruité ou crémeux, vous aurez des recettes sous la main pour les préparer sur le champ.

J'ai consacré un chapitre complet aux enfants. Au Chapitre 8, Cupcakes pour les enfants, ils apprendront en s'amusant à faire cuire et à décorer, et de plus, les recettes sont basées sur leurs saveurs préférées. Ces cupcakes sont aussi bons pour les adultes jeunes de cœur.

Pour ceux qui aiment la décoration et voudraient améliorer leurs aptitudes, j'ai inclus un chapitre sur les Techniques de cuisson et de décoration (Chapitre 2). Préparez vos cupcakes comme vous les aimez, simples ou compliqués. Suivez le livre à la lettre ou expérimentez. Toutes les recettes sont bonnes telles quelles ou avec un peu de glaçage. Pour vous aider à débuter, j'ai inclus des tableaux de combinaisons de saveurs. Pour les créateurs novateurs, j'ai inclus des idées de modèles et des listes d'ingrédients pour vous inspirer dans la création de cupcakes qui seront les vôtres.

En écrivant ce livre, j'ai suggéré plusieurs façons d'intégrer les cupcakes dans les différents rôles que vous devez jouer et dans les événements que vous planifiez dans votre vie. J'espère que vous aurez autant de plaisir à préparer ces cupcakes que j'en ai eu à les créer. Régalez-vous !

Krystina Castella
crazyaboutcupcakes.com (en anglais seulement)
Los Angeles, Californie

Chapitre 1

L'essentiel des cupcakes

TOUT SUR LES CUPCAKES

Tailles des moules pour cupcakes
Les moules à cupcakes sont offerts en trois tailles : petits (mini — d'environ 5 cm [2 po]), moyens (ordinaires — d'environ 7 cm [2¾ po]), et grands — d'environ 8,9 cm (3½ po). Cette variété vous permet de faire des expériences avec différentes idées de décoration. Les recettes peuvent être cuites dans tous les moules, mais le temps de cuisson devra être modifié pour les mini et grands moules. Les minicupcakes mettent normalement 5 à 7 minutes de moins à cuire que les moyens, et les grands demandent habituellement 5 à 10 minutes de plus que les moyens.

Batteurs
Malgré toute la cuisson que je fais, je ne possède toujours pas de batteur sur socle. Étant une designer de produits, j'apprécie leur allure géniale et je sais qu'ils sont agréables pour travailler ; alors si vous en avez un, utilisez-le. Pour ma part, j'utilise un batteur à main. Une cuillère de bois fait bien le travail, et c'est un bon exercice aussi.

Remplissage des moules et des caissettes en papier
Les recettes de ce livre peuvent être cuites dans des caissettes en papier ou dans des moules en métal graissés. Quelques recettes suggèrent

l'un ou l'autre selon le type de présentation. Je préfère les caissettes en papier la plupart du temps, parce que les cupcakes sont faciles à retirer des moules, sont plus faciles à manipuler et restent frais plus long-temps. Les caissettes en papier sont offertes en une grande variété de tailles, de couleurs et de modèles, et vous pouvez aussi les utiliser pour élargir votre répertoire de design.

Si vous voulez que les côtés de vos cupcakes soient lisses — soit parce que vous voulez les utiliser comme garniture et qu'ils doivent être complètement garnis, soit que vous vouliez les servir sur une assiette —, faites-les cuire directement dans les moules. Graissez ces derniers avec du beurre, de la margarine, de la graisse végétale, de l'enduit antiadhésif ou de l'huile à cuisson en vaporisateur (un mélange d'huile et de farine), puis farinez légèrement les moules. Vous devrez peut-être passer un couteau autour des cupcakes pour les retirer des moules.

C'est la quantité de mélange que vous mettez dans les moules qui déterminera la forme des cupcakes. Si vous remplissez les moules aux deux tiers, vous aurez des cupcakes de forme traditionnelle. Si vous les remplissez à moitié, les gâteaux monteront jusqu'au bord ou un peu moins, et vous aurez de cupcakes au dessus plat. Si les moules sont rem-plis aux trois quarts, les cupcakes déborderont. Pensez aux formes et aux tailles que vous désirez, et remplissez les moules en conséquence.

Si vous avez l'intention d'ajouter des garnitures (voir Chapitre 2), comme des noix, du chocolat ou des fruits, après avoir versé le mélange dans le moule, remplissez les moules individuels à la moitié ou aux deux tiers.

Chaque recette de ce livre donne de 18 à 24 cupcakes moyens. Le nombre de cupcakes dépendra de la quantité de mélange que vous mettrez dans chaque moule.

Quelques projets demandent deux ou trois recettes de cupcakes. Si vous voulez avoir beaucoup de cupcakes, faites la recette complète. Si vous n'en voulez pas autant, diminuez la recette selon vos besoins.

CONSERVATION DES CUPCAKES

Gardez vos cupcakes au réfrigérateur dans un contenant en plas-tique hermétique. Ils resteront frais pendant plusieurs jours. Les seuls que vous devrez manger la journée même sont ceux dont le glaçage contient des œufs crus.

Les cupcakes se congèlent bien. Lorsque vous avez du temps libre, faites cuire une recette de cupcakes et préparez du glaçage. Ne glacez pas les cupcakes. Séparez les cupcakes et le glaçage, et faites-les congeler séparément dans des contenants hermétiques. Lorsque vous voulez vous gâter, décongelez les cupcakes et le glaçage, glacez et décorez, puis servez.

TRANSPORT DES CUPCAKES

Lorsque vous devez transporter des cupcakes à un autre endroit pour un événement ou pour les offrir, utilisez des emballages de plastique conçus spécialement pour les cupcakes. Ces emballages sont offerts dans les magasins qui approvisionnent les restaurants, les boutiques spécialisées en articles pour gâteaux et sur Internet. J'achète parfois les contenants du pâtissier de mon supermarché ou de la pâtisserie de mon voisinage. Vous voudrez peut-être faire la même chose. Les collègues pâtissiers sont habituellement enclins à nous aider.

Une autre bonne façon de les transporter est de les remettre dans le moule à cuisson propre une fois qu'ils ont été glacés et décorés. Couvrez-les avec une feuille de papier d'aluminium, en prenant soin de ne pas gâcher le dessus des gâteaux. Ce moule, contrairement à un plateau, les empêche de bouger lors du transport en voiture. Arrivée à destination, je les enlève du moule et les présente sur un plateau ou une assiette.

Pour être sûrs d'avoir une belle présentation, certains décident de glacer et de décorer les cupcakes lorsqu'ils arrivent à destination. Emballez alors les cupcakes, le glaçage et les décorations séparément dans des contenants de plastique.

Pour éviter la tâche de transporter les produits décorés et pour ajouter un peu de plaisir, faites en sorte que la décoration des cupcakes fasse partie du divertissement. Installez une table avec des cupcakes, des choix de glaçage et de décorations, et les convives pourront créer leur propre dessert, selon leur goût et leur inspiration.

INGRÉDIENTS

Produits laitiers
Dans plusieurs des recettes de ce livre, je suggère le beurre comme ingrédient principal, parce j'ai réalisé qu'utiliser le beurre comme élément

gras produit les cupcakes les plus riches. Vous pouvez bien sûr le remplacer par la margarine. Si vous utilisez du beurre à faible teneur en matière grasse ou de la margarine, assurez-vous qu'il contient au moins 5 grammes de gras par portion.

Faites ramollir le beurre en le sortant du réfrigérateur et laissez-le sur le comptoir environ 30 minutes. Le temps que prendra le beurre pour ramollir variera selon la température ambiante — plus chaude sera la pièce, plus rapidement le beurre ramollira. Le beurre ramolli se défera plus facilement en crème et se combinera plus aisément avec les autres ingrédients.

Le fromage à la crème aussi se travaille mieux lorsqu'il est ramolli. Le fromage à la crème donne des cupcakes crémeux, la crème sure donne des cupcakes surs et le yogourt les rend acidulés. Tous ces produits laitiers peuvent être remplacés par leur version à faible teneur en matière grasse.

LAIT ET CRÈME

Lorsque je réfère au lait, je parle de lait entier, bien que vous puissiez expérimenter les recettes en le remplaçant par du lait à faible teneur en matière grasse, du lait écrémé ou du babeurre. Toutefois, les substitutions vont changer légèrement la saveur et la texture de la recette, mais les cupcakes seront quand même réussis. Lorsque la recette demande de la crème, vous devriez utiliser de la crème riche en matière grasse ou de la crème à fouetter. Il est préférable d'utiliser le lait et la crème à la température ambiante.

ŒUFS

Pour bien monter les blancs d'œuf, assurez-vous qu'ils soient à la température ambiante et qu'ils ne soient pas contaminés par du jaune d'œuf. Utilisez un bol et des batteurs propres et secs, et ne battez pas trop. Arrêtez de battre avant que les blancs d'œuf se séparent. Les blancs d'œuf battus s'affaissent rapidement, alors utilisez-les immédiatement.

Levure chimique et bicarbonate de soude

La levure chimique et le bicarbonate de soude font des merveilles dans une recette. Ces ingrédients font lever les cupcakes. La levure chimique est une combinaison de bicarbonate de soude avec quelques autres ingrédients qui, ajoutés à la pâte et chauffés, produisent un gaz qui agit comme agent levant. Si vous n'avez que du bicarbonate de

soude, vous pouvez préparer votre propre levure chimique. Pour en préparer 5 ml (1 c. à thé), combiner 2,5 ml (½ c. à thé) de crème de tartre, 1,25 ml (¼ c. à thé) de bicarbonate de soude et 1,25 ml (¼ c. à thé) de fécule de maïs.

Sucre

Plusieurs recettes de cupcakes demandent du sucre blanc cristallisé, de la cassonade ou bien un mélange des deux. Mesurez toujours le sucre en plongeant la tasse à mesurer dans le contenant de sucre, tout en égalisant le dessus et en laissant tomber le surplus dans le contenant. Lorsqu'une recette demande de la cassonade, vous pouvez utiliser la pâle ou la foncée. Au moment de la mesurer, tassez-la bien dans la tasse à mesurer, tout en égalisant le dessus. La cassonade durcit parfois, alors vous aurez peut-être à la moudre de nouveau dans un robot culinaire ou à la mettre au four pendant quelques minutes à 180 °C (350 °F) pour la ramollir.

Les recettes de glaçage demandent du sucre glace, qui est la même chose que le sucre en poudre. Préparer un glaçage avec du sucre glace n'est pas une science exacte. Vous aurez peut-être à ajuster la recette en ajoutant un peu plus de sucre ou de liquide pour obtenir la consistance désirée.

Vanille, extraits et liqueurs

L'extrait de vanille est offert en deux variétés, naturelle et artificielle. La variété naturelle a bien meilleur goût que l'artificielle, mais elle est plus chère et souvent difficile à trouver ; alors lorsqu'on vous en demande un peu, vous pouvez utiliser de la vanille artificielle.

Les extraits d'amande, de menthe poivrée, d'anis et autres sont de bons choix pour aromatiser les cupcakes. Ils ne se conservent pas très longtemps ; ainsi, vous devriez acheter les plus petites bouteilles, à moins que vous planifiiez de préparer des cupcakes à longueur de journée, comme moi.

Puisque la plupart des cupcakes sont préparés pour des réceptions, des fêtes et d'autres occasions spéciales, j'ai inclus des recettes utilisant des liqueurs, bien que ces recettes puissent être utilisées n'importe quand. Si vous n'aimez pas le goût de la liqueur, vous pouvez l'omettre et préparer le reste de la recette comme indiqué. Les liqueurs se conservent longtemps, mais si vous ne pensez pas en utiliser très souvent, vous pouvez acheter de petites bouteilles.

Épices

Les épices séchées comme la cannelle, le gingembre, la muscade et le clou de girofle se conservent mieux si elles sont achetées dans de petits contenants. Différentes marques sont de différentes qualités et leur prix varie, alors choisissez les meilleures possible selon votre budget. Gardez-les dans un endroit frais et sombre.

Noix de coco

Vous pouvez obtenir des cocos entiers frais que vous pouvez effilocher à l'aide d'une râpe ou d'un robot culinaire. On peut trouver la noix de coco séchée sous deux formes : râpée et en flocons. La noix de coco râpée est plus répandue que la noix de coco en flocons, mais les deux peuvent être utilisées dans ces recettes. La noix de coco râpée peut être sucrée ou non sucrée. On retrouve plus souvent la noix de coco sucrée. Si vous utilisez cette dernière, vous voudrez peut-être diminuer la quantité de sucre de la recette, selon votre goût. La noix de coco grillée change radicalement la saveur des cupcakes et des glaçages. La noix de coco surgelée, râpée ou en flocons, peut aussi être utilisée dans n'importe quelle recette. La noix de coco a toujours bon goût, quelle que soit sa forme.

Fruits

FRUITS FRAIS

Il est préférable d'utiliser des fruits frais dans les recettes, car les fruits surgelés ont tendance à contenir plus d'eau. Les fruits surgelés peuvent faire l'affaire si vous voulez substituer, mais vous aurez probablement à réduire légèrement la quantité de liquide. Les baies comme les canneberges et les bleuets sont offertes pendant seulement un ou deux mois chaque année, et ce, à un coût intéressant ; alors vous pouvez en acheter en saison et les congeler pour utilisation ultérieure.

FRUITS SÉCHÉS

Si les fruits frais ne sont pas disponibles, vous pouvez alors les remplacer par des fruits séchés. Les ananas et les abricots séchés sont sucrés et ajoutent une texture particulière aux cupcakes. Les raisins sont les fruits séchés les plus populaires. Essayez d'utiliser des raisins secs dorés ou bruns pour avoir des goûts différents.

Confitures et gelées

Achetez des marques de grande qualité, car les marques moins chères contiennent un pourcentage élevé de sirop de maïs, qui est utilisé pour épaissir et pour sucrer. Faites chauffer la confiture avec un peu d'eau pour préparer de délicieuses glaçures, des garnitures ou des glaçages pour vos cupcakes.

Noix

Les noix sont parfaites pour donner de la saveur et pour décorer les cupcakes. Toutefois, les noix sont très souvent des allergènes, alors tenez-en compte si vous décidez de les inclure dans votre recette. Vous pourriez préparer la moitié de la recette de cupcakes avec des noix, et l'autre moitié sans noix. Assurez-vous de ne pas contaminer la portion sans noix avec un bol ou une cuillère qui a servi à préparer la portion avec les noix. Les noix sont périssables, alors entreposez-les au congélateur dans des sacs fermés hermétiquement. Décongelez-les avant de les hacher. Vous pouvez aussi les faire rôtir légèrement, puis les hacher à l'aide d'un couteau, ou les pulvériser à l'aide d'un robot culinaire.

Sirop d'érable et miel

L'imitation de sirop pour crêpes n'est pas aussi bonne que le sirop d'érable pur, et il est beaucoup plus sucré. Vous pouvez l'utiliser si vous aimez vos cupcakes très sucrés. Je préfère le sirop d'érable pur, ambré, de grade 1 ou 2.

Les miels sont offerts en différentes saveurs selon les fleurs où butinent les abeilles. Si vous aimez vos cupcakes avec une saveur d'orange, utilisez le miel de fleurs d'oranger. Ou utilisez du miel de sauge ou du miel de trèfle. N'ayez pas peur d'en acheter trop ; si vous le gardez dans un endroit frais, sec et sombre, il se conservera pour toujours. Vous pouvez même le léguer à d'autres générations. Les archéologues ont même trouvé du miel mangeable dans les tombes des Égyptiens.

Chocolat et poudre de cacao

Qu'est-ce que je peux dire sur le chocolat ? Je ne peux pas expliquer à quel point il peut être extraordinaire. Le chocolat noir, au lait, blanc, mi-sucré, allemand, non sucré, semi-amer — il y en a tellement. On le retrouve sous plusieurs formes — barres, morceaux et pépites, pour ne nommer que les plus courantes. Vous pouvez mettre votre chocolat favori dans une recette, selon votre goût. Par exemple, les morceaux de chocolat peuvent être substitués aux pépites de chocolat, le chocolat blanc peut être substitué au chocolat mi-sucré. La poudre de cacao ordinaire ou solubilisée peut être un bon choix pour ces recettes. Quelques fois où j'étais mal prise, j'ai aussi mis du cacao chaud de première qualité ou du chocolat mexicain, qui sont déjà sucrés ; mais si vous choisissez de le faire, souvenez-vous de diminuer la quantité de sucre de la recette.

SUBSTITUTIONS

Substitution des ingrédients

Je n'aime vraiment pas qu'un livre de recettes demande d'utiliser des ingrédients précis, particulièrement ceux qui ne conviennent pas à ma diète ou qui sont difficiles à trouver. Je finis toujours par ne faire que les recettes qui contiennent les ingrédients que j'aime ou que j'ai à la maison, et je n'essaie jamais les autres. C'est pourquoi en créant ces recettes, j'ai essayé plusieurs différentes substitutions, comme la margarine au lieu du beurre, le lait à faible teneur en matière grasse au lieu du lait entier, et des fruits congelés au lieu des fruits frais. Même si les substitutions peuvent changer le goût et la texture des cupcakes, ils seront quand même bons et conviendront mieux à votre style de vie. Les substitutions sont suggérées dans la section des Ingrédients de chaque recette.

Substitution de recettes

La plupart des recettes de ce livre sont interchangeables. Vous pouvez aussi vouloir substituer votre recette favorite à la recette de cupcakes ou de glaçage que j'avais choisie pour une occasion spéciale. Par exemple, j'ai créé une recette de Cupcakes au champagne pour la veille du Nouvel An, une recette à la citrouille pour l'Halloween et une au citron pour Pâques. Ces recettes conviennent bien pour ces occasions. Si vous aimez le design, mais que vous voulez choisir vos recettes favorites, allez-y, puis suivez les instructions pour la décoration.

Substitution des ingrédients déjà préparés

Si vous manquez de temps, utilisez des préparations pour gâteau, des cupcakes achetés ou du glaçage déjà préparé. Ceci vous donnera plus de temps pour la décoration.

Certaines garnitures achetées au magasin peuvent être substituées aux garnitures faites maison. De bons exemples sont les biscuits alphabet, la pâte d'amande, les bonshommes de pain d'épice, les carrés aux céréales et à la guimauve, la sauce au caramel, la crème à la guimauve, la crème fouettée ou le fudge chaud.

Chapitre 2

Techniques de cuisson et de décoration

TECHNIQUES DE CUISSON

Cupcakes marbrés

Voici deux façons de marbrer les cupcakes pour plus de saveur :

1. Lorsque les deux pâtes (par exemple, une à la vanille et l'autre au chocolat) sont préparées, elles peuvent être mélangées légèrement à la spatule pour former une marbrure. Vous pouvez alors verser délicatement la pâte dans les caissettes en papier. Faites cuire, comme indiqué. Si les temps de cuisson diffèrent, trouvez le temps de cuisson moyen pour les deux recettes.

2. Versez une pâte dans les caissettes en papier au tiers. Puis, versez l'autre sur le dessus. Avec un couteau, mélangez légèrement les deux saveurs, en spirale. Faites cuire, comme indiqué.

Cupcakes étagés

Voici deux façons d'étager les cupcakes pour plus de saveur :

1. Versez une pâte dans les caissettes en papier au tiers. Puis, versez l'autre aux deux tiers. Faites cuire, comme indiqué.

2. Remplissez les caissettes en papier avec une pâte jusqu'aux trois quarts. Vous aurez ainsi les cupcakes de l'étage inférieur. Remplissez un moule à cupcakes graissé avec la deuxième pâte. Vous aurez les cupcakes de l'étage supérieur. Faites-en

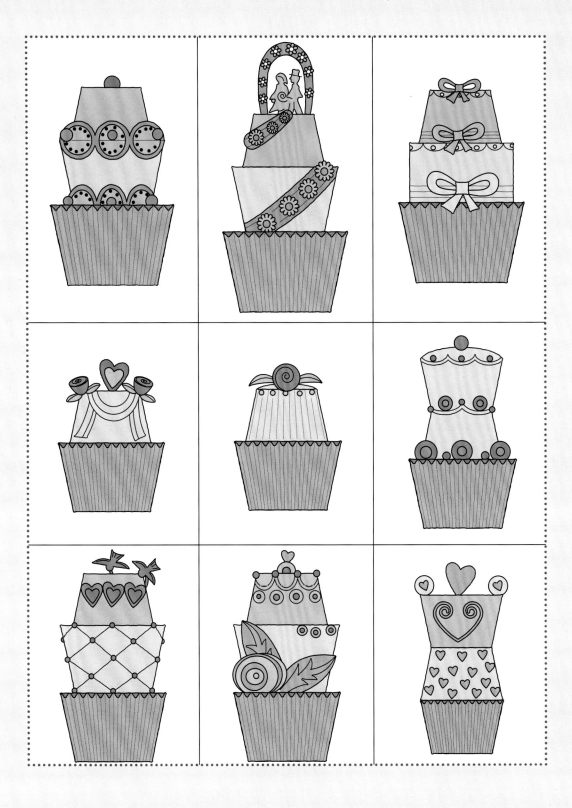

le même nombre pour le dessus que le dessous. Faites cuire, comme indiqué. Lorsqu'ils seront refroidis, glacez les cupcakes du dessous. Tournez les cupcakes du dessus à l'envers et les coller, avec le glaçage, sur les cupcakes du dessous. Glacez les cupcakes du dessus.

Cupcakes à niveaux

Ce sont ceux que je préfère préparer. Un cupcake à niveaux est fait de deux ou de plusieurs étages de gâteau, soit en utilisant des cupcakes de la même taille ou de tailles différentes. Chaque étage est collé à l'autre par du glaçage ou de la confiture. En utilisant des moules de différentes tailles, il vous sera facile d'expérimenter des formes uniques de cupcakes.

Les cupcakes à niveaux sont une bonne façon de mélanger les saveurs ; vous n'avez qu'à choisir une recette différente de cupcake pour chaque étage. Rappelez-vous que vous aurez besoin de deux ou de trois cupcakes pour chaque cupcake à niveaux complet, alors ne l'oubliez pas lorsque vous préparez la pâte. Si vous utilisez une recette, vous voudrez peut-être la doubler. Vous pouvez aussi diviser les recettes au besoin.

Faites cuire les cupcakes du dessous dans des caissettes en papier. Les cupcakes des niveaux supérieurs peuvent être soit cuits dans des moules à cupcakes graissés et farinés, soit dans des caissettes en papier qui seront enlevées lorsque les cupcakes auront refroidi. Si votre design demande que les étages supérieurs soient carrés, faites-les cuire dans des moules à gâteau carrés ou rectangulaires, puis coupez le gâteau en des carrés de tailles graduées. Lorsque vous versez la pâte dans les moules ou que vous coupez les carrés, conservez un suivi du nombre de cupcakes à préparer par étage et assurez-vous d'en avoir assez de chaque taille pour les étages du dessous, du centre et du dessus.

Lorsque vous glacez un gâteau à niveaux, commencez par l'étage du dessous, puis les côtés du second étage et ensuite, le dessus. Glacez les côtés du troisième étage, puis le dessus, et ainsi de suite. Utiliser des glaçages de différentes couleurs pour les côtés et les dessus est une façon amusante de glacer les cupcakes à niveaux.

Vous pouvez décorer les cupcakes à niveaux avec des garnitures achetées et utiliser les motifs spécifiquement conçus pour les cupcakes à niveaux tels que présentés à la page opposée pour décorer à la douille

Cupcakes enrichis

Ajouter des ingrédients que vous pouvez mélanger à la pâte, comme des noix, des chocolats, des fruits et des bonbons, est une façon simple de créer des variations de saveurs à l'intérieur d'une même recette de cupcakes. Pour avoir des suggestions d'ingrédients à mélanger, vérifiez la liste à la page 247. Voici des méthodes simples pour les cupcakes enrichis et le glaçage.

MÉTHODE DE PRÉPARATION DES CUPCAKES ENRICHIS
1. Préparez la pâte des cupcakes.
2. Remplissez les caissettes en papier à la moitié ou aux deux tiers avec la pâte.
3. Ajoutez les différents ingrédients aux cupcakes en les enfonçant légèrement à l'aide d'une cuillère à café dans la pâte. Faites-les cuire.

MÉTHODE DE PRÉPARATION DU GLAÇAGE ENRICHI
1. Préparez le glaçage.
2. Divisez le glaçage dans plusieurs petits bols.
3. Ajoutez les différents ingrédients dans chaque bol. Mélangez les glaçages.
4. Glacez les cupcakes lorsqu'ils sont refroidis.

Cupcakes à la crème glacée
MÉTHODE ORIGINALE DES CUPCAKES À LA CRÈME GLACÉE
1. Utilisez une petite cuillère à glace ou une cuillère parisienne pour déposer une petite portion de crème glacée sur le dessus des cupcakes de taille moyenne.
2. Saupoudrez les garnitures sur la crème glacée. Servez immédiatement.

MÉTHODE DES GROS CUPCAKES À LA CRÈME GLACÉE
1. Enlevez 10 ml (2 c. à thé) de gâteau du centre des cupcakes avec une cuillère à pamplemousse.
2. Remplissez la cavité de crème glacée, versez-y de la sauce, et saupoudrez les garnitures sur la crème glacée. Servez immédiatement.

TECHNIQUES DE DÉCORATION

Techniques de glaçage et textures
La plupart des cupcakes doivent refroidir environ 30 minutes avant d'être glacés, sinon, le glaçage fondra.

La consistance est primordiale lorsqu'il est question de glaçage épais, de glaçage clair et de ganache. Différents types de glaçage ont différentes textures. Le glaçage épais est plus épais que le glaçage clair ; la ganache est une glace, habituellement faite avec du chocolat. Si votre glaçage est trop clair, il coulera des cupcakes ; s'il est trop épais, il collera et brisera les cupcakes.

Pour le glaçage, vous voudrez une consistance lisse et facile à étendre pour pouvoir faire des tourbillons profonds. Lorsque vous utilisez une poche à douille avec un embout à grande ouverture, vous avez besoin d'un glaçage plus épais, pas trop clair. Si le glaçage est trop clair, faites-le refroidir brièvement. S'il est trop ferme, amenez-le à la température ambiante, ou fouettez-le.

Le glaçage clair est mince et durcit parfois. Vous pouvez l'étendre avec un couteau en faisant des mouvements circulaires, du centre vers les bords des cupcakes. Si votre glaçage n'est pas parfait, couvrez-le avec des noix hachées, de la noix de coco, des nonpareilles, du sucre coloré ou d'autres garnitures de votre choix.

MOTIFS DE CIBLE

À l'aide d'un couteau à beurre ou d'une spatule à glaçage, glacez le centre du cercle pour commencer, puis continuez à glacer les cercles suivants en alternant les couleurs.

MOTIFS BICOLORES

Placez une cuillérée de glaçage coloré assez épais d'un côté du cupcake, puis une autre cuillérée de couleur différente de l'autre côté. En utilisant un couteau propre pour chaque couleur, étendez le glaçage sur chaque moitié. Utilisez la pointe d'un couteau pour créer une ligne bien définie à l'endroit où les couleurs se rencontrent.

MOTIFS EN SPIRALE

Placez deux cuillérées de glaçage — chaque cuillérée de couleur différente — sur les cupcakes et les mélanger délicatement avec un couteau.

VAGUES

Tout d'abord, étendez du glaçage bleu avec un couteau. Placez la lame du couteau sur le glaçage et le lever pour créer des pointes. Faites des pointes blanches en mettant du glaçage blanc sur un cure-dent et en l'appliquant sur les pointes.

NUAGES

Étendez du glaçage bleu pour le ciel et faites des tourbillons avec le glaçage blanc sur le dessus.

« SABLE » ET « TERRE »

Déposez le glaçage en petits tas. Saupoudrez de barres de céréales, de noix, de biscuits Graham moulus ou de biscuits au chocolat finement écrasés.

Colorant alimentaire

Plusieurs sortes de colorants alimentaires peuvent être utilisées pour le glaçage et la pâte à cupcakes. Le colorant alimentaire liquide est le plus populaire, et vous pouvez le trouver dans la plupart des épiceries. Rappelez-vous que normalement, votre base est le glaçage blanc, alors la couleur sur la bouteille est un peu plus foncée que le résultat final. Pour obtenir une couleur pâle, n'ajoutez que quelques gouttes, et pour obtenir des couleurs plus intenses, ajoutez plusieurs gouttes. Ajouter du colorant alimentaire rendra le glaçage plus clair, alors vous aurez peut-être à ajouter un peu de sucre glace pour obtenir la consistance désirée afin de pouvoir l'étendre ou décorer à la douille.

Les colorants alimentaires sous forme de gel ou de pâte sont très concentrés, et vous n'en avez besoin que de très peu pour obtenir des couleurs intenses ou vives. Vous pouvez les trouver sur Internet, dans les restaurants ou dans les magasins de fournitures de décorations pour gâteaux. Si vous voulez préparer un glaçage noir ou de couleur foncée, commencez avec du glaçage au chocolat et ajoutez du colorant alimentaire sous forme de gel.

Le colorant alimentaire en poudre peut être badigeonné en combinant la poudre avec de l'eau ou de l'extrait de citron. Vous pouvez acheter du colorant alimentaire en poudre de couleur métallique, iridescent ou de couleur foncée.

Dans plusieurs supermarchés, dans les magasins de fournitures pour décorer les gâteaux et les boutiques d'artisanat, vous pouvez trouver des glaçages déjà colorés et des gels de décoration. Ces produits sont offerts en tubes, prêts à être utilisés, et ils éliminent le besoin d'une poche à douille.

ROUE DE COULEUR POUR LE GLAÇAGE ET PALETTES

Cette roue de couleurs est un tableau pour mélanger les colorants alimentaires et obtenir le résultat désiré. Les palettes de couleurs sont

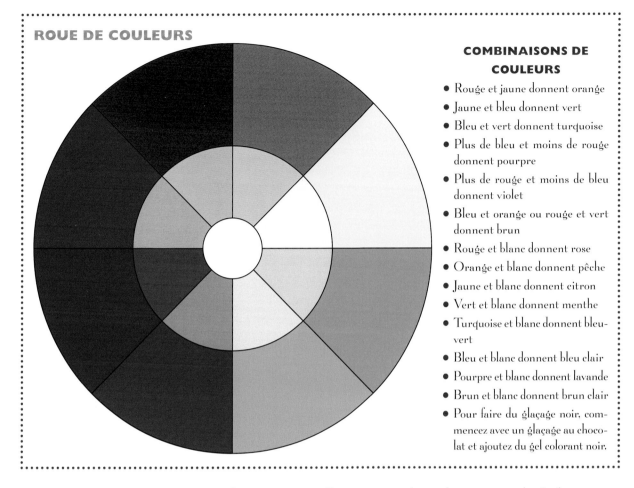

ROUE DE COULEURS

COMBINAISONS DE COULEURS

- Rouge et jaune donnent orange
- Jaune et bleu donnent vert
- Bleu et vert donnent turquoise
- Plus de bleu et moins de rouge donnent pourpre
- Plus de rouge et moins de bleu donnent violet
- Bleu et orange ou rouge et vert donnent brun
- Rouge et blanc donnent rose
- Orange et blanc donnent pêche
- Jaune et blanc donnent citron
- Vert et blanc donnent menthe
- Turquoise et blanc donnent bleu-vert
- Bleu et blanc donnent bleu clair
- Pourpre et blanc donnent lavande
- Brun et blanc donnent brun clair
- Pour faire du glaçage noir, commencez avec un glaçage au chocolat et ajoutez du gel colorant noir.

des suggestions d'agencement de couleurs pour aider à donner une allure particulière à vos cupcakes pour une certaine occasion.

Décorer au pochoir

On peut décorer au pochoir des cupcakes glacés ou non. Consultez le Chapitre 9, Combinaisons de saveurs et idées de design, pour des échantillons de modèles de pochoirs. Voici comment fabriquer et utiliser les pochoirs :

1. Dans un morceau de carton, coupez un cercle un peu plus grand que votre cupcake.
2. Dessinez un motif sur le carton, et découpez-le avec un couteau à lame rétractable. Vous pouvez également plier le cercle

en 4 ou en 8 et découper des formes comme si vous faisiez un flocon de neige en papier.

3. Tamisez du cacao en poudre ou du sucre glace sur le pochoir et les cupcakes.

Décorer à la feuille d'or

La feuille d'or est comestible et fait une riche décoration sur les cupcakes. N'en mangez pas tous les jours. Appliquez-en avec un pinceau sur un glaçage lisse ou en très petits morceaux, à la main.

Décoration des caissettes en papier

Lorsque les cupcakes sont cuits, vous pouvez décorer les caissettes en papier en attachant des découpes de papier ou des rubans avec de la colle blanche ou un pistolet à colle chaude. Mesurez le diamètre de votre cupcake et faites un modèle. Puis, couper les rubans ou les découpes de papier en des formes désirées. Disposez-les autour des caissettes en papier et collez-les, en prenant soin que la colle ne vienne pas en contact avec quoi que ce soit de comestible.

OUTILS POUR LA DÉCORATION

Couteaux et spatules

Normalement, vous glacerez les cupcakes avec un couteau à beurre ou avec une spatule à glaçage en acier inoxydable pour cupcakes. Utiliser un couteau ou une spatule pour chaque couleur rend le glaçage des cupcakes plus rapide.

Pinceaux

Le pinceau peut être utilisé pour rendre les glaçages plus lisses ou pour appliquer des colorants alimentaires liquides ou en poudre. Bien que les pinceaux synthétiques puissent faire l'affaire, les pinceaux en soies naturelles sont supérieurs et dureront toujours.

Poches à douille

Pour sculpter et donner une forme au glaçage, vous aurez besoin d'une poche à douille. Vous pouvez vous procurer des poches à douille jetables ou réutilisables. Les poches en polyester sont recommandées au lieu des poches en tissu, car elles sont plus faciles à nettoyer. Les poches à douille jetables font l'affaire, mais elles peuvent se briser facilement.

Dessiner ou écrire avec une poche à douille peut sembler intimidant, mais ne vous en faites pas, tout le monde peut le faire avec un peu d'exercice. Vous pouvez essayer de dessiner des formes sur une assiette, et lorsque vous avez perfectionné votre technique, remettez le glaçage dans la poche à douille pour l'utiliser à nouveau.

Rappelez-vous, le glaçage doit avoir la bonne consistance. S'il est trop ferme, il sera difficile à pousser dans l'embout ; s'il est trop clair, il ne gardera pas sa forme. Ajoutez un peu de sucre glace s'il est trop clair. S'il est trop épais, ajoutez un peu de liquide comme du lait ou de l'eau.

Il y a des centaines d'embouts de décoration offerts. Vous voudrez peut-être acheter un équipement de base ou bien acheter quelques embouts individuels, les plus populaires pour l'écriture, de forme ronde ou étoilée, pour débuter. Les petits embouts sont bien pour les designs détaillés et la glace royale. Utilisez de plus gros embouts pour les glaçages à la crème au beurre. Voici comment utiliser une poche à douille :

1. Choisissez la forme d'embout que vous désirez et placez-le dans la poche à douille. Selon la forme des différents embouts, vous aurez à tenir la poche droite ou à angle. Sécurisez l'embout à la poche à l'aide d'un coupleur.

2. Remplissez la poche de glaçage à moitié ou aux deux tiers. Pliez ou tournez la partie non remplie pour que le glaçage ne sèche pas et ne durcisse pas ou qu'il ne sorte pas par le haut.

3. À l'aide de vos mains, pressez les côtés de la poche jusqu'à ce que le glaçage sorte sur le cupcake par l'embout. Contrôlez la quantité de glaçage pour créer la forme désirée.

4. Pratiquez, pratiquez, pratiquez.

FORMES EN GRAS

Étendez sur le dessus des cupcakes du glaçage épais. Avec un gros embout, tracez en gras des formes comme des cercles ou des spirales.

DESIGNS DÉLICATS

Étendez sur le dessus des cupcakes du glaçage clair. À l'aide d'un petit embout, créez des designs délicats et détaillés comme des lignes, des spirales ou des cercles.

FORMES ÉTOILÉES

Choisissez un embout de la forme d'une étoile, de la taille qui convient le mieux à votre design. En tenant la poche à douille droite, pressez-la délicatement pour en faire sortir le glaçage et former une étoile. Retirer rapidement la poche à douille afin d'avoir une pointe bien définie sur l'étoile.

TORSADES

Choisissez un embout en forme de corde de la taille de votre design. Tenez la poche légèrement à angle et pressez uniformément pour tracer une ligne continue en tournant la poche à douille en même temps.

SENTIERS

Insérez un petit embout rond dans la poche à douille. Tenez-la à un angle de 45 degrés du cupcake. Faites une pression pour former un point. Puis, déplacez-la de gauche à droite (ou de droite à gauche si vous êtes gaucher), commençant et arrêtant à des intervalles réguliers afin de créer une ligne pointillée.

COQUILLAGES

À l'aide d'un embout en forme d'étoile, pressez le bout de la poche à douille sur le dessus du cupcake au point de départ. Pressez légèrement la poche à douille en la levant, puis en la baissant, en terminant à la surface du cupcake à chaque 1,2 cm (½ po) ou à chaque 2,5 cm (1 po) du point de départ. Relevez la douille du glaçage. Commencez votre prochain coquillage où s'est terminé le dernier, et continuez tout autour du cupcake.

POINTS

À l'aide d'une poche à douille munie d'un embout pour écrire, tenez la poche au-dessus de l'endroit à décorer. Pressez pour faire un point. Arrêtez la pression, et relevez la douille. Quelques fois, des pics se formeront ; pour les effacer, les aplatir à l'aide d'un pinceau humide. Une technique intéressante est de faire des points à niveaux multiples : pour commencer, faire de gros points avec un gros embout, ensuite, à l'aide d'un petit embout, faire des points plus petits sur les gros points.

LIGNES, BOUCLES, ZIGZAGS ET TREILLIS

Plus l'embout sera petit, plus la ligne sera fine. Choisissez la taille de l'embout qui vous convient. Déposez l'embout au point de départ sur le cupcake. Tenez la poche à douille à angle et pressez pour avoir un peu de glaçage, en levant la poche à douille légèrement au-dessus de la surface alors que vous continuez. Ne tirez pas ; la ligne se casserait. Lorsque vous atteignez le bout de la ligne, n'appliquez plus de pression sur la poche à douille. Créez des boucles, des zigzags ou des courbes avec vos lignes. Vous pouvez aussi créer un grillage ou un treillis en faisant se superposer les lignes.

SUPERPOSITION DES DESIGNS

Pour créer des textures plus élaborées, superposez un design sur un autre en utilisant des techniques différentes. Utilisez un gros embout pour le premier design et un plus petit pour la superposition. Choisissez deux couleurs différentes de glaçage pour créer des designs plus détaillés.

POINTS DE PIQUAGE

Si vous voulez que votre décoration ressemble à de la broderie ou à des points de piquage, utilisez un petit embout pour écrire. Tenez le bout sur le cupcake. Pressez pour avoir un peu de glaçage tout en déplaçant votre main en la levant légèrement, puis en pressant la pointe sur le cupcake de nouveau. Répétez, en déplaçant votre main de haut en bas de la surface du cupcake pour créer des points de piquage.

MOTS

On crée les mots comme si on faisait du gribouillage. Pour écrire en cursive, utilisez un petit embout pour écrire et pressez continuellement le glaçage pour former les lettres comme vous le feriez avec un crayon.

FLEURS

Mettez un embout en forme de pétale sur la poche à douille. Faites cinq pétales plats en un cercle de façon à ce qu'ils se superposent. Décorez le centre avec des points de différentes couleurs.

FEUILLES

C'est bien d'ajouter des feuilles à vos fleurs, car elles sembleront plus réelles. Tenez la poche à douille à 45 degrés du cupcake. Sans bouger la pointe, pressez la poche à douille et laissez le glaçage s'étaler. Appliquez moins de pression lorsque vous levez la pointe de façon à former une pointe sur la feuille.

AUTRES DESIGNS

Vous trouverez à la page 33 d'autres designs de décoration que vous pourrez créer à l'aide de tous les embouts offerts.

TECHNIQUES POUR LE CHOCOLAT

Faire fondre le chocolat

La meilleure façon de faire fondre le chocolat est de le faire au bain-marie. Si vous n'en avez pas, vous pouvez en faire un en plaçant un bol au-dessus d'une casserole remplie d'eau bouillante. Ne laissez pas le bol toucher l'eau. Aussi, assurez-vous que le bol est très sec à l'intérieur ; même une petite goutte d'eau dans le bol ferait saisir le chocolat. Lorsque votre bain-marie est assemblé :

1. Brisez le chocolat en petits morceaux ou commencez avec des pépites de chocolat. Le faire fondre lentement, en brassant de temps à autre.
2. Lorsqu'il est fondu, retirez-le du feu et remuez.

Vous pouvez également faire fondre le chocolat au four à micro-ondes, bien que le temps soit difficile à contrôler. Voici comment faire :

1. Placez le chocolat dans un bol propre et sec, et faites chauffer pendant 30 secondes. Vérifiez si le chocolat a fondu. Sinon, le faire chauffer pendant 30 secondes encore ou pendant des périodes plus courtes, jusqu'à ce qu'il ait fondu.
2. Lorsqu'il est fondu, retirez-le du four à micro-ondes et remuez.

Décorer avec du chocolat

Vous pouvez décorer directement les cupcakes avec du chocolat, ou bien vous pouvez faire les décorations sur du papier parchemin, laisser refroidir et puis les placer sur les cupcakes. Vous pouvez les décorer avec du chocolat blanc, au lait ou noir. Pour décorer directement les cupcakes :

1. Étendez du glaçage épais ou clair sur les cupcakes.
2. Faites fondre le chocolat et laissez-le refroidir légèrement. Décorez rapidement, car le chocolat refroidira et figera vite.

Assurez-vous qu'il ait la bonne consistance et qu'il ne soit pas trop liquide, car il ne gardera pas sa forme.

3. Installez un petit embout pour écrire et remplissez la poche à douille de chocolat.

4. Tracez votre design favori en un mouvement continu directement sur les cupcakes.

Pour faire des décorations en chocolat sur du papier parchemin :

1. Attachez avec du ruban adhésif un morceau de papier parchemin sur une plaque à pâtisserie. Tracez vos designs sur le papier. Attachez avec du ruban un morceau de papier ciré sur les dessins ; il sera transparent.

2. Faites fondre le chocolat et laissez-le refroidir légèrement.

3. Installez un petit embout pour écrire et remplissez la poche à douille de chocolat.

4. Décorez d'une façon continue sur le papier parchemin en suivant les designs. Laissez le chocolat figer dans un endroit frais.

5. Lorsqu'il sera refroidi, levez délicatement le chocolat du papier à l'aide d'une spatule et déposez-le sur les cupcakes.

Pour faire des formes en chocolat :

1. Attachez avec du ruban adhésif un morceau de papier parchemin sur une plaque à pâtisserie. Faites vos designs sur le papier avec un marqueur noir. Attachez avec du ruban un morceau de papier ciré sur les dessins. Vous verrez les dessins à travers le papier.

2. Faites fondre le chocolat blanc et le chocolat noir séparément, et laissez-les refroidir légèrement.

3. Installez un petit embout pour écrire et remplissez la poche à douille avec un chocolat. Tracez les contours des dessins.

4. Installez un gros embout sur une autre poche à douille, et mettez-y l'autre chocolat, puis remplissez les dessins. Laissez le chocolat figer dans un endroit frais.

5. Lorsqu'il sera refroidi, levez délicatement le chocolat du papier à l'aide d'une spatule et déposez-le sur les cupcakes.

Formes découpées en chocolat

1. Attachez avec du ruban un morceau de papier parchemin sur une plaque à pâtisserie.

2. Versez du chocolat fondu sur le papier parchemin et étendez-le uniformément à une épaisseur de 0,6 cm (¼ po) à l'aide d'une spatule. Laissez le chocolat refroidir, juste avant qu'il fige. Si vous laissez le chocolat durcir, il se brisera lors de l'étape suivante.

3. Pressez un emporte-pièce dans le chocolat ou coupez-le de la forme désirée avec un couteau. N'y touchez pas, car vous y laisseriez des empreintes. Délicatement, levez le chocolat du papier à l'aide d'une spatule.

4. Si vous le désirez, vous pouvez décorer les formes avec du chocolat appliqué à la douille.

Feuilles de chocolat

1. Choisissez de vraies petites feuilles non toxiques dont les nervures sont prononcées. Les feuilles de roses sont tout indiquées. Laissez-y les tiges. Lavez et asséchez les feuilles.

2. À l'aide d'un pinceau, badigeonnez le chocolat fondu en une couche de 0,48 cm (³⁄₁₆ po) en dessous de chaque feuille. Vous pouvez mélanger deux couleurs de chocolat pour créer un effet marbré.

3. Déposez les feuilles sur du papier ciré ou parchemin pour qu'elles refroidissent. Si le chocolat est trop mince, badigeonnez-en une autre couche et laissez-la figer.

4. En commençant à la tige, levez délicatement les feuilles du chocolat et utilisez les feuilles de chocolat pour décorer les cupcakes.

Utilisation de moules à bonbons

Vous pouvez faire fondre du chocolat et le verser dans des moules à bonbons pour créer les formes désirées, comme des lettres, des chiffres et des fleurs. Vous pouvez trouver des bonbons pour faire fondre en une variété de couleurs dans les boutiques d'artisanat et de décoration de gâteaux.

Copeaux et boucles de chocolat

BOUCLES LONGUES

1. Versez le chocolat fondu sur une planche à découper. Étendez-le uniformément à une épaisseur de 0,6 cm (¼ po) avec une spatule. Laissez figer le chocolat, mais n'attendez pas qu'il soit trop dur.

2. Tranchez finement en tenant un couteau large à un angle de 45 degrés. Passez le couteau dans un mouvement d'aller-retour pour faire des boucles.

3. Levez les boucles avec le couteau et déposez-les sur le cupcake glacé. Laissez-les figer jusqu'à ce qu'elles soient fermes.

BOUCLES COURTES

Pelez des boucles à partir d'une barre de chocolat à l'aide d'un épluche-légumes.

COPEAUX

Râpez une barre de chocolat à l'aide d'une râpe. Différentes tailles de râpes produiront différentes tailles de copeaux.

FRUITS ET NOIX RECOUVERTS DE CHOCOLAT

1. Lavez et asséchez les fruits. Assurez-vous que les fruits sont à la température ambiante, ou le chocolat se figera trop rapidement et brisera.

2. Tapissez une plaque à pâtisserie d'un papier parchemin ou de papier ciré. Tenez les fruits par la tige ou les noix à l'aide d'une fourchette, et trempez-les à demi dans le chocolat. Retirez et laissez égoutter dans le bol. Placez-les sur le papier pour qu'ils durcissent.

3. Lorsque vous trempez dans le chocolat noir et dans le chocolat blanc, laissez les fruits ou les noix se figer après la première trempette, puis trempez l'autre moitié du fruit ou de la noix dans l'autre saveur de chocolat. Laissez figer.

FONDANTS ET PÂTE D'AMANDE

Formes découpées

Donner des formes au fondant ou à la pâte d'amande à l'aide d'un emporte-pièce est une méthode simple pour décorer et garnir les cupcakes de façon colorée. Utilisez des emporte-pièces ronds pour faire des cercles parfaits à déposer sur les cupcakes. Fleurs, étoiles, chiffres, lettres et plusieurs autres formes sont offertes. Vous pouvez trouver les emporte-pièces en différentes tailles, mais les petits conviennent mieux aux cupcakes. Voici comment faire les formes découpées :

1. Ajoutez le colorant alimentaire de votre choix et mélangez-le au fondant ou à la pâte d'amande.

2. Roulez le fondant ou la pâte sur une surface recouverte de sucre glace. Trempez le côté tranchant de l'emporte-pièce dans la fécule de maïs, et pressez-le dans le fondant ou la pâte d'amande pour découper les formes. Les formes peuvent également être découpées à l'aide d'un couteau.

3. Mettez les formes découpées sur le cupcake ou reliez plusieurs couches de ces formes à l'aide de glaçage pour les retenir ensemble.

Gaufrage

Un motif en relief, une forme ou une texture peuvent être faits sur du fondant ou de la pâte d'amande. Saupoudrez de fécule de maïs les emporte-pièce, les fourchettes ou un outil à motif, et pressez délicatement votre motif ou forme dans le glaçage ; ne pressez pas jusqu'au fond.

Peindre sur le glaçage

Le colorant alimentaire peut être utilisé comme peinture. Placez quelques gouttes sur une palette et peignez comme vous si vous faisiez de l'aquarelle. Des marqueurs comestibles peuvent être utilisés pour créer d'intéressants ombrages ou lignes. Des teintes en poudre sont également offertes pour peindre. Voici comment faire :

1. Laissez sécher le fondant ou la pâte d'amande sur les cupcakes.

2. Faites votre design sur les cupcakes avec un marqueur comestible ou gaufrez-le avec des emporte-pièces. Vous pouvez aussi utiliser des pochoirs faits avec du carton ou du plastique.

3. Diluez le colorant alimentaire avec de l'eau. Mélangez les couleurs que vous voulez utiliser dans de petites tasses ou sur une palette en plastique.

4. À l'aide d'un pinceau, peignez votre design avec du colorant alimentaire ou des teintes en poudre. Ajoutez des accents et des ombrages à l'aide de marqueurs.

Colorer la pâte d'amande

Pour colorer la pâte d'amande, divisez la recette en petites boules, une boule pour chaque couleur. Aplatissez les boules et ajoutez quelques gouttes de colorant alimentaire au centre. Pétrissez la pâte d'amande jusqu'à ce que la couleur soit bien mélangée. Continuez à ajouter du colorant alimentaire jusqu'à l'obtention de la couleur désirée. Lorsque la pâte d'amande est sèche et bien formée, ajoutez les détails avec du colorant alimentaire et un pinceau.

FAÇONNER LE FONDANT ET LA PÂTE D'AMANDE

Natter et tresser

BANDES DE CORDES

1. Saupoudrez une surface de travail avec du sucre glace. Avec les mains, roulez deux bandes de pâte d'amande ou de fondant de longueur et de largeur égales.
2. Pincez le bout des lanières ensemble. Tordez les lanières de façon à en faire une corde. Lorsque la corde est terminée, pincez les autres bouts ensemble.

NATTES

1. Saupoudrez une surface de travail avec du sucre glace. Avec les mains, roulez trois pièces de la même pâte d'amande ou de différentes couleurs de longueurs et de largeurs égales.
2. Pincez le bout des lanières ensemble. Nattez les lanières de façon à en faire une corde plus grosse. Lorsque la natte est terminée, pincez les autres bouts ensemble.

PANIER TRESSÉ

1. Saupoudrez une surface de travail avec du sucre glace. À l'aide d'un rouleau à pâte, roulez des lanières à unc épaisseur de 0,6 cm (¼ po) de pâte d'amande ou de fondant, de la même couleur ou de différentes couleurs. Coupez en 16 lanières de 0,6 cm (¼ po) de large, approximativement de la même longueur que le diamètre des cupcakes que vous décorez.
2. Pour préparer un panier tressé, étendez horizontalement 8 lanières parallèles avec 0,6 cm (¼ po) d'espace entre chacune. Coupez 8 autres lanières identiques. Prenez la première des 8 nouvelles lanières et tressez-la verticalement (per-

pendiculairement) en passant par-dessus et en dessous des 8 premières lanières. Répétez pour les 8 lanières.

3. À l'aide d'un emporte-pièce circulaire saupoudré de fécule de maïs, donnez une forme ronde au panier tressé.

Boucles

1. Saupoudrez une surface de travail avec du sucre glace. Roulez le fondant ou la pâte d'amande jusqu'à ce qu'elle soit 0,16 à 0,32 cm (1/16 à 1/8 po) d'épais. Coupez 2 lanières de la longueur désirée et formez 2 boucles. Pincez-les au centre pour les attacher ensemble.

2. Coupez maintenant une autre lanière assez longue pour faire le tour des boucles et couvrez l'intersection.

3. Coupez 2 autres lanières pour créer les bouts du ruban. Coupez les bouts en triangle. Pincez les bouts à l'arrière du nœud.

Rubans

1. Saupoudrez une surface de travail avec du sucre glace. Roulez le fondant ou la pâte d'amande jusqu'à ce qu'elle soit 0,16 à 0,32 cm (1/16 à 1/8 po) d'épais. Coupez des lanières de la longueur désirée et formez des boucles de différentes tailles.

2. Pincez les boucles ensemble pour en former une arche. Placez-les sur le dessus des cupcakes.

Aliments, fleurs et autres formes

Avec la pâte d'amande, vous pouvez former des fruits, des légumes, des fleurs et même des personnages de fêtes. Lorsque les formes ont séché, ajoutez les détails avec du colorant alimentaire à l'aide d'un pinceau.

BANANES

1. Formez de petites boules avec de la pâte d'amande jaune.

2. Roulez les boules pour leur donner la forme d'une banane, pressez un bout pour qu'il soit pointu, et courbez-les un peu.

3. Équarrissez le bout le plus épais en le pressant avec vos doigts. Laissez sécher pendant 1 heure.

4. Peignez-les avec du colorant alimentaire vert et brun selon le degré de maturité que vous voulez leur donner.

CAROTTES

1. Formez de petites boules avec de la pâte d'amande orange.
2. Roulez les boules entre vos mains et donnez-leur la forme de carottes fuselées. Les bouts doivent être émoussés, mais non pointus.
3. Utilisez le dos d'un couteau pour faire les marques sur le dessus et des lignes sur les côtés.

CITROUILLES ET CITROUILLES-LANTERNES

1. Divisez la pâte d'amande en une grosse boule orange et en une petite boule verte.
2. Formez de petites boules avec la pâte d'amande orange.
3. À l'aide du dos d'un couteau, faites 5 marques de haut en bas, autour des boules orange pour donner une forme de citrouille.
4. À l'aide de votre pouce, marquez légèrement les dessus où les lignes se rencontrent.
5. Formez des tiges avec la pâte d'amande verte. Utilisez un peu d'eau pour coller les tiges en les pressant sur le dessus des citrouilles.
6. Pour préparer des citrouilles-lanternes, découpez des visages dans les boules à l'aide d'un couteau pour artisanat salubre pour les aliments, ou utilisez un pinceau pour peindre des visages avec du colorant alimentaire noir.

FRAISES

1. Divisez la pâte d'amande en grosses boules colorées en rouge et en petites boules colorées en vert.
2. Finissez un côté des boules rouges en pointe pour qu'elles aient la forme d'une fraise.
3. Roulez les fraises sur une râpe ou un zesteur pour en marquer la surface.
4. Donnez à la pâte d'amande verte la forme d'une étoile à 4 pointes en roulant 2 petites boules, en amincissant les bouts et en les croisant au centre. Utilisez un peu d'eau pour les coller en les attachant sur le dessus des fraises.

ORANGES

1. Roulez la pâte d'amande orange en boules minuscules.

2. Roulez les boules sur une râpe ou un zesteur pour en marquer la surface.

3. Pressez un clou de girofle sur le dessus des oranges pour faire un motif en forme d'étoile.

CITRONS

1. Roulez la pâte d'amande jaune en boules minuscules.

2. Amincissez les 2 bouts des boules pour qu'elles ressemblent à un citron.

3. Roulez les boules sur une râpe ou un zesteur pour en marquer la surface.

4. À l'aide de cure-dents, faites des marques sur les bouts amincis.

5. Laissez sécher les citrons pendant 1 heure, puis peignez les bouts avec du colorant alimentaire vert.

LIMES

1. Roulez la pâte d'amande verte en boules minuscules.

2. Roulez les boules sur une râpe ou un zesteur pour en marquer la surface.

3. Pressez un clou de girofle sur le dessus des limes pour faire un motif en forme d'étoile.

4. Laissez sécher les limes pendant 1 heure, puis peignez les bouts avec du colorant alimentaire vert.

ROSES

1. Divisez la pâte d'amande en 1 grosse boule, colorée de la teinte de rose de votre choix de votre choix, et 1 petite boule, colorée en vert. Divisez la plus grande partie de la grosse boule en des boules minuscules. Le reste sera formé en petites boules.

2. Donnez la forme de cône aux petites boules de pâte d'amande rose. Ces cônes supporteront les pétales.

3. Aplatissez les boules minuscules en forme de pétales qui seront un peu plus épais à un bout. Entourez un pétale autour du cône et pressez. Tournez le bout du pétale à l'aide de vos doigts. Pour faire un bouton de rose, ne tournez pas les pétales.

4. Faites se chevaucher le premier pétale avec le deuxième, et répétez autour du cône jusqu'à ce qu'une rangée soit terminée. Faire des rangées tout autour du cône.

5. Faites des feuilles pointues avec la pâte d'amande verte aplatie. Dessinez des nervures ou dentelez les bords avec un couteau.

BONSHOMMES DE NEIGE

1. Divisez la pâte d'amande en 3 boules : 1 grosse et 2 plus petites. Laissez la plus grosse blanche, et colorez les 2 autres, 1 noire et l'autre orange.

2. Créez des bonshommes de neige en faisant 2 ou 3 boules de neige pour chacun avec la grosse boule. Collez-les ensemble avec du glaçage ou un peu d'eau, en pressant bien.

3. Roulez la boule orange en une feuille et découpez des foulards. Utilisez un couteau pour faire la frange aux 2 bouts. Enroulez le foulard autour du cou des bonshommes de neige.

4. Avec le reste de la pâte d'amande orange, faites des carottes en guise de nez. Mettez un peu d'eau sur le bout et pressez bien dans le visage.

5. Avec la pâte d'amande noire, préparez des points pour faire les yeux et les boutons, et faites le chapeau. Collez-les avec un peu d'eau et pressez bien.

DINDE

1. Divisez la pâte d'amande en 2 grosses boules et 2 plus petites. À l'aide de colorant alimentaire, peignez 1 grosse boule brun pâle et l'autre brun foncé. Laissez 1 petite boule blanche et peignez l'autre petite boule orange.

2. Pour faire le corps, formez 1 boule de 2,5 cm (1 po) avec la pâte d'amande brun foncé. Pour faire le cou et la tête, faites un cylindre d'environ 1,9 cm (¾ po) de long avec la pâte d'amande brun pâle et attachez-y 1 boule ronde de 1,2 cm (½ po). Joignez le cou et la tête au corps.

3. Pour faire les plumes, roulez la pâte d'amande blanche avec le reste de la pâte d'amande brun foncé et brun pâle à une épaisseur de 0,6 cm (¼ po). Coupez la pâte d'amande avec des emporte-pièces de différentes tailles en forme de fleur. Coupez les fleurs en 2 et attachez-les au corps.

4. Pour faire le visage, faites un bec en forme de cône de 0,6 cm (¼ po) avec le reste de la pâte d'amande brune et blanche. Attachez-le au visage. Roulez la pâte d'amande orange en lanières étroites et étendez-les sur le bec. Insérez des bonbons

pour faire les yeux ou bien faites les vôtres avec le reste de la pâte d'amande.

Noix de coco et noix

TEINDRE LA NOIX DE COCO

Combinez quelques gouttes d'eau et quelques gouttes de colorant alimentaire dans un petit contenant en plastique. Ajoutez la noix de coco. Fermez le contenant et agitez bien jusqu'à ce que la noix de coco soit colorée.

FAIRE GRILLER LA NOIX DE COCO ET LES NOIX

Il y a deux façons de faire griller la noix de coco et les noix :
1. Placez les noix ou la noix de coco sur une plaque à pâtisserie et faire cuire à 170 °C (325 °F), en remuant de temps à autre, de 7 à 10 minutes, ou jusqu'à ce qu'elles soient dorées.
2. Placez un peu de beurre dans une poêle à frire. Ajoutez les noix et la noix de coco, et faites sauter environ 5 à 7 minutes, ou jusqu'à ce qu'elles soient dorées.

GARNITURES DE FRUITS ET D'AGRUMES

Fruits givrés

Choisissez des petits fruits pour décorer les cupcakes. Les fraises, les bleuets, les framboises, les canneberges, les cerises, les raisins et les tranches d'ananas sont tous de bons choix. De même que les quartiers d'orange, de citron et de lime.

1. Battez un blanc d'œuf dans un petit bol. Tenez le fruit par sa tige et badigeonnez-le avec le blanc d'œuf.
2. Saupoudrez le fruit avec du sucre super fin à l'aide d'une cuillère. Secouez-le pour en enlever l'excès. Placez le fruit sur un essuie-tout dans un endroit chaud pour le faire sécher.

Tranches d'orange et cerises au marasquin

À l'aide d'un couteau bien aiguisé, coupez 1 orange entière non pelée, au centre, à des intervalles de 0,6 cm (¼ po). Vous aurez comme résultat plusieurs cercles entiers avec différents diamètres. Vous pouvez soit utiliser le cercle entier, soit le couper en 2 pour avoir des demi-tranches. Percez une cerise au marasquin avec un cure-dent et glissez-la au milieu du cure-dent. Pliez la tranche d'agrume sur chaque pointe du cure-dent.

Tranches d'agrumes

Coupez des tranches de différents agrumes. Enroulez-les ensemble sur un cure-dent.

Fraises à la menthe

Enlevez les tiges vertes des fraises. Faites une incision sur le dessus des fraises pour y insérer une feuille de menthe.

Brochettes d'ananas et de cerises au marasquin

Coupez un morceau d'ananas en triangles de 1,2 cm (½ po) d'épais. Insérez-les sur un cure-dent en alternant avec les cerises au marasquin.

Brochettes de cerises

Les cerises sont offertes en différentes couleurs. Alternez-les sur un cure-dent pour garnir.

Bananes

Préparez-les seulement au moment de servir. Coupez-les en tranches de 1 cm (⅜ po) et trempez-les dans du jus de citron pour prévenir l'oxydation (brunissement). Placez-les sur un cure-dent. Saupoudrez-les de muscade et de cannelle moulues.

Zestes

Utilisez des oranges, des citrons ou des limes bien fermes et propres avec une pelure sans tache pour faire le zeste et les garnitures.

Spirales

Tranchez finement un zeste de 10 cm (4 po) de long en une spirale continue à l'aide d'un couteau, d'une épluche-légumes ou d'un zesteur. Prenez soin de ne pas couper dans la partie blanche. Déposez-la sur le cupcake en spirale.

NŒUDS

Tranchez finement un zeste de 7,6 à 10 cm (3 à 4 po) de long en une lanière continue, à l'aide d'un couteau, d'un épluche-légumes ou d'un zesteur. Faites délicatement un nœud avec la lanière.

FORMES

Enlevez délicatement et complètement la pelure d'un agrume. À l'aide d'un emporte-pièce, coupez des formes dans la pelure. Déposez-les sur les cupcakes.

Un choix sucré. Sur le présentoir, à partir du haut, dans le sens des aiguilles d'une montre : Cupcake à niveaux aux amandes, Cupcake familial pour elle et lui (modifié), Cupcake au café, Cupcake avec fleurs cristallisées, Cupcake cadeaux.

Chapitre 3

Recettes

RECETTES DE CUPCAKES

Cupcakes aux amandes

440 ml (1¾ tasse) de crème sure

225 g (½ lb ou 2 bâtonnets) de beurre non salé, à la température ambiante

125 ml (½ tasse) d'huile de noix ou végétale

875 ml (3½ tasses) de farine tout usage

5 ml (1 c. à thé) de levure chimique

5 ml (1 c. à thé) de bicarbonate de soude

2,5 ml (½ c. à thé) de sel

500 ml (2 tasses) de sucre cristallisé

165 ml (⅔ tasse) d'amandes rôties et moulues

4 gros œufs, à la température ambiante

10 ml (2 c. à thé) d'extrait d'amande

5 ml (1 c. à thé) d'extrait de vanille

1. Préchauffer le four à 170 °C (325 °F). Déposer les caissettes en papier dans un moule à cupcakes moyens.

2. Dans un grand bol, défaire en crème 250 ml (1 tasse) de crème sure, le beurre et l'huile.

3. Dans un autre bol, tamiser la farine, la levure chimique, le bicarbonate de soude et le sel. Ajouter le sucre et les amandes en brassant.

4. Ajouter les ingrédients secs au mélange de beurre et de crème, un tiers à la fois. Bien mélanger après chaque ajout.

5. Dans un autre bol, mélanger les œufs, les 190 ml (¾ tasse) restant de la crème sure, et les extraits d'amande et de vanille.

6. Ajouter le mélange des œufs à la pâte, en 3 fois, en battant à vitesse moyenne pendant 1 minute après chaque ajout.

7. Remplir de pâte les caissettes en papier aux trois quarts. Faire cuire de 20 à 25 minutes, ou jusqu'à ce qu'un cure-dent inséré dans le centre des cupcakes en ressorte propre. Laisser refroidir les cupcakes dans le moule.

Cupcakes aux pommes

375 ml (1½ tasse) de pommes Granny Smith, pelées et râpées

15 ml (1 c. à soupe) de brandy ou de cognac

310 ml (1¼ tasse) de farine tout usage

190 ml (¾ tasse) de sucre cristallisé

5 ml (1 c. à thé) de bicarbonate de soude

2,5 ml (½ c. à thé) de sel

5 ml (1 c. à thé) de cannelle moulue

0,5 ml (⅛ c. à thé) de muscade moulue

1,25 ml (¼ c. à thé) de clous de girofle moulus

2 gros œufs

125 ml (½ tasse) d'huile végétale

5 ml (1 c. à thé) d'extrait de vanille

1. Préchauffer le four à 180 °C (350 °F). Déposer les caissettes en papier dans un moule à cupcakes moyens.

2. Dans un petit bol, combiner les pommes râpées, et le brandy ou le cognac.

3. Dans un autre bol, combiner la farine, le sucre, le bicarbonate de soude, le sel, la cannelle, la muscade et les clous de girofle.

4. Ajouter les œufs, l'huile, la vanille et le mélange de pommes aux ingrédients secs, et bien incorporer.

5. Remplir de pâte les caissettes en papier aux trois quarts. Faire cuire de 20 à 25 minutes, ou jusqu'à ce qu'un cure-dent inséré dans le centre des cupcakes en ressorte propre. Laisser refroidir les cupcakes dans le moule.

Cupcakes aux bananes

225 g (½ lb ou 2 bâtonnets) de beurre non salé, à la température ambiante

250 ml (1 tasse) de sucre cristallisé

2 gros œufs

250 ml (1 tasse) de bananes mûres écrasées

440 ml (1¾ tasse) de farine tout usage

5 ml (1 c. à thé) de bicarbonate de soude

2,5 ml (½ c. à thé) de sel

75 ml (5 c. à soupe) de lait

10 ml (2 c. à thé) d'extrait de vanille

1. Préchauffer le four à 180 °C (350 °F). Déposer les caissettes en papier dans un moule à cupcakes moyens.

2. À l'aide d'un batteur électrique à vitesse moyenne, défaire en crème le beurre et le sucre, jusqu'à ce que le mélange soit léger et aéré, environ 3 à 5 minutes. Ajouter les œufs, et bien battre. Ajouter les bananes et bien mélanger.

3. Dans un autre bol, tamiser ensemble la farine, le bicarbonate de soude et le sel.

4. Ajouter tous les ingrédients secs au mélange crémeux et bien mélanger.

5. Ajouter le lait et la vanille. Mélanger pendant 1 minute à vitesse moyenne.

6. Remplir de pâte les caissettes en papier de la moitié aux trois quarts. Faire cuire de 20 à 25 minutes, ou jusqu'à ce qu'un cure-dent inséré dans le centre des cupcakes en ressorte propre. Laisser refroidir les cupcakes dans le moule.

Cupcakes au chocolat fondu

110+30 g (¼ lb+2 c. à soupe ou
    1¼ bâtonnet) de beurre non salé
125+30 ml (½ tasse+2 c. à soupe
    [5 oz]) de chocolat mi-sucré, haché
3 gros œufs
3 gros jaunes d'œuf
60 ml (¼ tasse) de sucre cristallisé
45 ml (3 c. à soupe) de farine tout usage

1. Préchauffer le four à 180 °C (350 °F). Déposer les caissettes en papier dans un moule à cupcakes.

2. Dans le haut d'un bain-marie, faire fondre le beurre et le chocolat ensemble. Laisser refroidir pendant 5 minutes.

3. Dans un grand bol, battre les œufs, les jaunes d'œuf et le sucre à l'aide d'un batteur électrique à vitesse moyenne, jusqu'à ce que le mélange devienne jaune, épais et crémeux, environ 5 minutes.

4. Plier le mélange d'œufs dans le mélange chocolat-beurre, jusqu'à ce que le mélange soit uniforme. Incorporer la farine en pliant.

5. Remplir les caissettes en papier aux deux tiers. Faire cuire jusqu'à ce que les côtés des cupcakes semblent fermes, mais que leur centre soit encore mou.

6. Retirer du four et laisser refroidir pendant 20 minutes. Retirer les moules de papier délicatement. Servir chaud, recouvert de crème fouettée ou de crème glacée à la vanille.

Cupcakes au fond noir

 24 biscuits ronds au chocolat
330 ml (1⅓ tasse) de sucre cristallisé
80 ml (⅓ tasse) d'huile végétale
250 ml (1 tasse) d'eau
15 ml (1 c. à soupe) de vinaigre blanc
5 ml (1 c. à thé) d'extrait de vanille
375 ml (1½ tasse) de farine tout usage
5 ml (1 c. à thé) de bicarbonate de
    soude
2,5 ml (½ c. à thé) de sel
1 paquet de 225 g (8 oz) de fromage à
    la crème, à la température ambiante
1 gros œuf
250 ml (1 tasse) de minipépites de
    chocolat

1. Préchauffer le four à 170 °C (325 °F). Déposer les caissettes en papier dans un moule à cupcakes moyens, ou graisser le moule. Placer 1 biscuit au chocolat dans le fond de chaque moule.

2. Dans un grand bol, battre 250 ml (1 tasse) de sucre, l'huile et l'eau, et bien mélanger jusqu'à ce que soit crémeux. Incorporer le vinaigre et la vanille.

3. Dans un autre bol moyen, mélanger ensemble la farine, le bicarbonate de soude et 1,25 ml (¼ c. à thé) de sel.

4. Ajouter le mélange sec au mélange humide et battre jusqu' à ce que tout soit incorporé. Réserver.

5. Dans un bol moyen, battre ensemble le fromage à la crème, l'œuf, et le reste du sucre et du sel. Incorporer les minipépites de chocolat.

6. Remplir les caissettes en papier ou le moule à moitié de pâte au chocolat. Recouvrir avec 15 ml (1 c. à soupe) de mélange de fromage à la crème. Faire cuire de 25 à 30 minutes, ou jusqu'à ce que les côtés des cupcakes soient gonflés et que le centre semble moelleux. Laisser refroidir dans le moule.

Cupcakes aux bleuets

10 g (¼ lb ou 1 bâtonnet) de beurre
  non salé, à la température ambiante
250 ml (1 tasse) de sucre cristallisé
2 gros œufs
375 ml (1½ tasse) de farine tout usage
5 ml (1 c. à thé) de levure chimique
2,5 ml (½ c. à thé) de sel
80 ml (⅓ tasse) de lait
10 ml (2 c. à thé) d'extrait de vanille
375 ml (1½ tasse) de bleuets
  (frais ou congelés)

1. Préchauffer le four à 180 °C (350 °F). Déposer les caissettes en papier dans un moule à cupcakes moyens.

2. À l'aide d'un batteur électrique à vitesse moyenne, défaire en crème le beurre et le sucre dans un grand bol, jusqu'à ce que le mélange soit léger et aéré, environ 3 à 5 minutes. Ajouter les œufs et bien battre.

3. Dans un autre bol, tamiser ensemble la farine, la levure chimique et le sel.

4. Incorporer les ingrédients secs une petite quantité à la fois au mélange crémeux, en alternant avec le lait. Mélanger pendant 3 minutes. À l'aide d'une spatule, incorporer en pliant la vanille et les bleuets.

5. Remplir de pâte les caissettes en papier de la moitié aux trois quarts. Faire cuire de 20 à 25 minutes, ou jusqu'à ce qu'un cure-dent inséré dans le centre des cupcakes en ressorte propre. Laisser refroidir les cupcakes dans le moule.

CUPCAKES AUX BLEUETS ET AUX FRAMBOISES : Utiliser 190 ml (¾ tasse) de bleuets frais ou congelés et 190 ml (¾ tasse) de framboises fraîches ou congelées au lieu de bleuets seulement.

CUPCAKES AUX CANNEBERGES : Substituer 375 ml (1½ tasse) de canneberges aux bleuets.

Cupcakes aux brownies

165 ml (⅔ tasse [4 oz]) de chocolat
  non sucré
225 g (½ lb ou 2 bâtonnets) de beurre
  non salé, à la température ambiante
310 ml (1¼ tasse) de sucre cristallisé
250 ml (1 tasse) de farine
5 ml (1 c. à thé) d'extrait de vanille
4 gros œufs
190 ml (¾ tasse) de minipépites de
  chocolat
250 ml (1 tasse) de pacanes hachées

1. Préchauffer le four à 170 °C (325 °F). Déposer les caissettes en papier dans un moule à cupcakes moyens ou à minicupcakes.

2. Faire fondre le chocolat et le beurre ensemble dans une casserole. Transférer dans un grand bol.

3. Ajouter le sucre, la farine et la vanille, et bien mélanger. Ajouter les œufs, 1 à la fois, en battant bien après chaque ajout.

4. Ajouter les minipépites de chocolat et les pacanes.

5. Remplir les caissettes en papier aux trois quarts avec la pâte. Faire cuire les minicupcakes pendant 10 minutes et les cupcakes de taille moyenne environ 20 minutes, ou jusqu'à ce qu'un cure-dent inséré dans le centre en ressorte propre. Laisser refroidir dans le moule.

Cupcakes au caramel et aux pommes

250 ml (1 tasse) de cassonade pâle,
bien tassée

125 ml (½ tasse) d'huile végétale

10 ml (2 c. à thé) de cannelle moulue

15 ml (1 c. à soupe) d'extrait de vanille

2 gros œufs

500 ml (2 tasses) de farine tout usage

15 ml (1 c. à soupe) de levure chimique

2,5 ml (½ c. à thé) de sel

2 pommes acides moyennes, pelées,
étrognées et hachées finement

1. Préchauffer le four à 180 °C (350 °F). Déposer les caissettes en papier dans un moule à cupcakes moyens.

2. Dans un grand bol, battre ensemble la cassonade, l'huile, la cannelle et la vanille, à l'aide d'un batteur électrique à vitesse moyenne. Ajouter les œufs, 1 à la fois. Battre pendant 1 minute après chaque ajout.

3. Dans un autre bol, tamiser ensemble la farine, la levure chimique et le sel.

4. Ajouter lentement le mélange sec dans le mélange humide. Battre jusqu'à ce que ce soit bien mélangé. Incorporer les pommes.

5. Remplir de pâte les caissettes en papier de la moitié aux trois quarts. Faire cuire de 20 à 25 minutes, ou jusqu'à ce qu'un cure-dent inséré dans le centre des cupcakes en ressorte propre. Laisser refroidir les cupcakes dans le moule.

Cupcakes au champagne

165 ml (⅔ tasse) de beurre, à la
température ambiante

375 ml (1½ tasse) de sucre cristallisé

690 ml (2¾ tasses) de farine tout usage

15 ml (3 c. à thé) de levure chimique

5 ml (1 c. à thé) de sel

190 ml (¾ tasse) de champagne

6 gros blancs d'œuf, à la température
ambiante

1. Préchauffer le four à 180 °C (350 °F). Déposer les caissettes en papier dans un moule à cupcakes moyens.

2. Dans un grand bol, défaire en crème le beurre et le sucre, jusqu'à ce que le mélange soit léger et aéré, de 3 à 5 minutes environ.

3. Dans un autre bol moyen, tamiser ensemble la farine, la levure chimique et le sel.

4. Mélanger les ingrédients secs au mélange crémeux en alternant avec le champagne.

5. Dans un grand bol propre, battre les blancs d'œuf à haute vitesse jusqu'à la formation de pics fermes. Plier le tiers des blancs d'œuf dans la pâte jusqu'à ce qu'ils soient bien incorporés, puis plier le reste des blancs d'œuf jusqu'à ce qu'ils soient bien incorporés.

6. Remplir de pâte les caissettes en papier aux trois quarts. Faire cuire environ 20 minutes, ou jusqu'à ce qu'un cure-dent inséré dans le centre des cupcakes en ressorte propre. Laisser refroidir les cupcakes dans le moule.

Cupcakes au gâteau au fromage

30 ml (2 c. à soupe) de beurre non
    salé, fondu

12 biscuits Graham, écrasés finement

2 paquets de 225 g (8 oz) de fromage à
    la crème, à la température ambiante

250 ml (1 tasse) de sucre cristallisé

20 ml (4 c. à thé) de farine tout usage

2,5 ml (½ c. à thé) d'extrait de vanille

2,5 ml (½ c. à thé) d'extrait d'amande

4 gros blancs d'œuf

2,5 ml (½ c. à thé) de crème de tartre

1. Préchauffer le four à 180 °C (350 °F). Déposer les caissettes en papier dans un moule à cupcakes moyens légèrement vaporisé d'enduit antiadhésif.

2. Dans un petit bol, combiner le beurre et les biscuits Graham. Étendre de façon uniforme 5 ml (1 c. à thé) du mélange dans le fond des caissettes en papier.

3. Dans un grand bol, combiner le fromage à la crème, le sucre, la farine, la vanille et l'extrait d'amande à l'aide d'un batteur électrique à vitesse moyenne, jusqu'à ce que le mélange soit onctueux.

4. Dans un autre bol, combiner les blancs d'œuf et la crème de tartre. À l'aide de batteurs propres, battre à haute vitesse jusqu'à la formation de pics fermes.

5. Plier délicatement le mélange de blancs d'œuf dans le mélange de fromage à la crème.

6. À l'aide d'une cuillère, remplir avec précaution les caissettes en papier aux trois quarts. Faire cuire de 20 à 25 minutes, ou jusqu'à ce que les côtés des cupcakes soient gonflés et que le centre semble moelleux. Couvrir et laisser garder les cupcakes dans le moule au réfrigérateur jusqu'au moment de servir.

Cupcakes à la liqueur de cerise

330 ml (1⅓ tasse) de farine tout usage
310 ml (1¼ tasse) de sucre cristallisé
80 ml (⅓ tasse) de poudre de cacao
2,5 ml (½ c. à thé) de bicarbonate de
    soude
0,5 ml (⅛ c. à thé) de sel
190 ml (¾ tasse) d'eau
2 gros œufs
5 ml (1 c. à thé) d'extrait de vanille
90 ml (6 c. à soupe) de beurre,
    fondu et chaud
1 paquet de 225 g (8 oz) de fromage
    à la crème
1 boîte de 590 g (21 oz) de garniture
    pour tarte aux cerises
30 ml (2 c. à soupe) de liqueur de café
2,5 ml (½ c. à thé) de rhum ou
    d'extrait de rhum
125 ml (½ tasse [3 oz]) de pépites de
    chocolat mi-sucré

1. Préchauffer le four à 180 °C (350 °F). Déposer les caissettes en papier dans un moule à cupcakes moyens.

2. Dans un grand bol, combiner la farine, 250 ml (1 tasse) de sucre, la poudre de cacao, le bicarbonate de soude et le sel.

3. Ajouter l'eau, 1 œuf, la vanille et le beurre fondu. Bien mélanger. Puis, battre à l'aide d'un batteur électrique à basse vitesse pendant 30 secondes.

4. Dans un autre bol, battre le fromage à la crème, le reste des œufs et le sucre jusqu'à ce que le tout soit onctueux. Incorporer 80 ml (⅓ tasse) de garniture pour tarte, la liqueur de café, le rhum et les pépites de chocolat. Laisser refroidir pendant au moins 15 minutes.

5. Remplir les moules à cupcakes au tiers. Recouvrir avec 15 ml (1 c. à soupe) du mélange de fromage à la crème et 15 ml (1 c. à soupe) du reste de la garniture pour tarte. À l'aide d'une cuillère, ajouter de la pâte sur les garnitures jusqu'à ce que les moules soient remplis aux deux tiers. Faire cuire environ 20 minutes, ou jusqu'à ce qu'un cure-dent inséré au centre des cupcakes en ressorte propre. Laisser refroidir dans le moule.

Cupcakes au chocolat et à la bière

190 ml (¾ tasse) d'huile végétale
20 ml (4 c. à thé) de vinaigre blanc
5 ml (1 c. à thé) d'extrait de vanille
750 ml (3 tasses) de farine tout usage
500 ml (2 tasses) de sucre cristallisé
10 ml (2 c. à thé) de bicarbonate de
    soude
125 ml (½ tasse) de poudre de cacao
5 ml (1 c. à thé) de sel
1 bouteille de bière de 375 ml (12 oz)
375 ml (1½ tasse) d'eau

1. Préchauffer le four à 170 °C (325 °F). Déposer les caissettes en papier dans un moule à cupcakes moyens.

2. Dans un grand bol, combiner l'huile, le vinaigre et la vanille.

3. Dans un autre bol, combiner la farine, le sucre, le bicarbonate de soude, la poudre de cacao et le sel.

4. À l'aide d'une cuillère, faire un puits au centre des ingrédients secs. Verser le mélange d'huile dans le puits. Ajouter la bière et l'eau. Battre à l'aide d'un batteur électrique, à vitesse moyenne.

5. Remplir les caissettes en papier aux trois quarts. Faire cuire environ 20 minutes, ou jusqu'à ce qu'un cure-dent inséré dans le centre des cupcakes en ressorte propre. Laisser refroidir les cupcakes dans le moule.

Cupcakes au chocolat et aux carottes

375 ml (1½ tasse) de carottes râpées
190 ml (¾ tasse) de sucre cristallisé
125 ml (½ tasse) d'huile végétale
250 ml (1 tasse) d'eau bouillante
375 ml (1½ tasse) de farine tout usage
7,5 ml (1½ c. à thé) de levure chimique
2,5 ml (½ c. à thé) de sel
5 ml (1 c. à thé) de cannelle moulue
125 ml (½ tasse) de poudre de cacao
125 ml (½ tasse [3 oz]) de minipépites
    de chocolat

1. Préchauffer le four à 180 °C (350 °F). Déposer les caissettes en papier dans un moule à cupcakes moyens.

2. Dans un grand bol, combiner les carottes, le sucre et l'huile. Bien mélanger à vitesse moyenne. Verser l'eau bouillante sur le mélange.

3. Dans un autre bol, combiner la farine, la levure chimique, le sel, la cannelle et la poudre de cacao.

4. Ajouter les ingrédients secs au mélange de carottes. Bien mélanger. Incorporer les pépites de chocolat en pliant.

5. Remplir les caissettes en papier aux trois quarts. Faire cuire environ 20 minutes, ou jusqu'à ce qu'un cure-dent inséré dans le centre des cupcakes en ressorte propre. Laisser refroidir les cupcakes dans le moule.

Cupcakes aux pépites de chocolat et à la cannelle

30 ml (2 c. à soupe) de cannelle moulue
330+45 ml (1⅓ tasse+3 c. à soupe) de
    sucre cristallisé
6 œufs, séparés
2,5 ml (½ c. à thé) de jus de citron
190 ml (¾ tasse) de farine de pain
    azyme
60 ml (¼ tasse) de fécule de pomme
    de terre
60 ml (¼ tasse) d'eau
375 ml (1½ tasse [9 oz]) de pépites de
    chocolat mi-sucré

1. Préchauffer le four à 180 °C (350 °F). Déposer les caissettes en papier dans un moule à cupcakes moyens.

2. Dans un petit bol, combiner 15 ml (1 c. à soupe) de cannelle et 45 ml (3 c. à soupe) de sucre cristallisé. Réserver.

3. À l'aide d'un batteur électrique à vitesse moyenne, battre les jaunes d'œuf, le reste du sucre et le jus de citron, jusqu'à ce que le tout soit crémeux.

4. Dans un autre bol, combiner la farine de pain azyme, 15 ml (1 c. à soupe) de cannelle et la fécule de pomme de terre.

5. Ajouter le mélange d'œufs et l'eau aux ingrédients secs. Bien mélanger. Incorporer les pépites de chocolat en pliant.

6. À l'aide de batteurs propres, battre les blancs d'œuf à haute vitesse, jusqu'à la formation de pics fermes. Délicatement plier les blancs d'œuf dans la pâte.

7. Remplir les caissettes en papier de la moitié aux trois quarts. Saupoudrer le mélange cannelle-sucre sur la pâte. Faire cuire de 20 à 25 minutes, ou jusqu'à ce qu'un cure-dent inséré dans le centre des cupcakes en ressorte propre. Laisser refroidir les cupcakes dans le moule.

Cupcakes aux biscuits aux pépites de chocolat

LA GARNITURE

125 ml (½ tasse) de cassonade

1 gros œuf

0,5 ml (⅛ c. à thé) de sel

125 ml (½ tasse [6 oz]) de pépites de chocolat mi-sucré

125 ml (½ tasse) de noix hachés

2,5 ml (½ c. à thé) d'extrait de vanille

LES CUPCAKES

125 ml (½ tasse ou 1 bâtonnet) de beurre, à la température ambiante

90 ml (6 c. à soupe) de sucre cristallisé

90 ml (6 c. à soupe) de cassonade

2,5 ml (½ c. à thé) d'extrait de vanille

1 œuf, à la température ambiante

250 ml (1 tasse) de farine tout usage

2,5 ml (½ c. à thé) de bicarbonate de soude

2,5 ml (½ c. à thé) de sel

1. Pour préparer la garniture : Dans un grand bol, combiner la cassonade, l'œuf et le sel. À l'aide d'un batteur électrique à haute vitesse, battre jusqu'à ce que le mélange soit épais, environ 5 minutes. Incorporer les pépites de chocolat, les noix et l'extrait de vanille.

2. Préchauffer le four à 190 °C (375 °F). Déposer les caissettes en papier dans un moule à cupcakes moyens.

3. Dans un petit bol, combiner le beurre, le sucre, la cassonade et la vanille. À l'aide d'un batteur électrique à vitesse moyenne, battre jusqu'à ce que le mélange soit crémeux. Ajouter l'œuf et battre pendant 1 minute de plus.

4. Dans un autre petit bol, combiner la farine, le bicarbonate de soude et le sel.

5. Ajouter graduellement les ingrédients secs au mélange d'œufs et mélanger, à l'aide d'une spatule en caoutchouc ou une cuillère en bois, jusqu'à ce que le mélange soit homogène.

6. Remplir les moules à moitié. Faire cuire pendant 15 minutes. Les retirer du four. Augmenter la chaleur à 220 °C (425 °F). À l'aide d'une cuillère, déposer 30 ml (2 c. à soupe) de garniture sur chaque cupcake. Remettre les moules au four. Faire cuire pendant 10 minutes. Laisser refroidir les cupcakes dans le moule.

Cupcakes au chocolat

125 ml (½ tasse) de poudre de cacao

165 ml (⅔ tasse) d'eau bouillante

165 ml (⅔ tasse [4 oz]) de chocolat
mi-sucré, haché grossièrement

110+60 g (¼ lb+4 c. à soupe ou
1½ bâtonnet) de beurre non salé, à
la température ambiante

375 ml (1½ tasse) de sucre cristallisé

4 gros œufs, à la température ambiante

5 ml (1 c. à thé) d'extrait de vanille

500 ml (2 tasses) de farine tout usage

5 ml (1 c. à thé) de bicarbonate de
soude

1,25 ml (¼ c. à thé) de sel

250 ml (1 tasse) de yogourt nature, à
la température ambiante

1. Préchauffer le four à 180 °C (350 °F). Déposer les caissettes en papier dans un moule à cupcakes moyens.

2. Mettre le cacao dans un petit bol. Verser l'eau bouillante et fouetter jusqu'à ce que les grumeaux disparaissent. Ajouter le chocolat mi-sucré à la pâte de cacao et remuer jusqu'à ce que le chocolat ait fondu et que le mélange soit lisse. Réserver et laisser refroidir.

3. Dans un grand bol, défaire en crème le beurre et le sucre à l'aide d'un batteur électrique à vitesse moyenne, jusqu'à ce que le mélange soit léger et aéré, de 3 à 5 minutes. Ajouter 1 œuf à la fois et battre 1 minute après chaque ajout. Ajouter la vanille.

4. Dans un autre bol, combiner la farine, le bicarbonate de soude et le sel.

5. Ajouter la moitié des ingrédients secs au mélange de beurre. Mélanger à basse vitesse, jusqu'à ce que le tout soit homogène. Incorporer le yogourt et bien mélanger. Ajouter le reste des ingrédients secs. Bien mélanger. Ajouter le chocolat. Brasser jusqu'à ce que ce soit bien mélangé. Ne pas trop brasser.

6. Remplir les caissettes en papier de la moitié aux trois quarts. Faire cuire de 20 à 25 minutes, ou jusqu'à ce qu'un cure-dent inséré dans le centre des cupcakes en ressorte propre. Laisser refroidir les cupcakes dans le moule.

CUPCAKES AU CHOCOLAT ET AUX PÉPITES DE CHOCOLAT : Ajouter 375 ml (1½ tasse) de pépites de chocolat mi-sucré à la pâte après qu'elle a été mélangée.

Cupcakes aux macarons au chocolat

30 ml (2 c. à soupe [1 oz]) de chocolat
    mi-sucré, haché
190 ml (¾ tasse) de lait condensé
0,5 ml (⅛ c. à thé) de sel
500 ml (2 tasses) de noix de coco râpée
5 ml (1 c. à thé) d'extrait de vanille

1. Préchauffer le four à 180 °C (350 °F). Graisser légèrement les moules à cupcakes.

2. Dans un bain-marie, faire fondre le chocolat avec le lait condensé et le sel. Incorporer la noix de coco râpée et la vanille.

3. Remplir les moules graissés à la moitié. Faire cuire environ 30 minutes ou jusqu'à ce qu'ils soient dorés. Laisser refroidir dans le moule.

Cupcakes au chocolat et aux framboises

165 ml (⅔ tasse) de beurre non salé, à
    la température ambiante
375 ml (1½ tasse) de sucre cristallisé
2 gros œufs
5 ml (1 c. à thé) d'extrait d'amande
500 ml (2 tasses [16 oz]) de crème sure
330 ml (1⅔ tasse) de farine tout usage
190 ml (¾ tasse) de poudre de cacao
10 ml (2 c. à thé) de cannelle moulue
2,5 ml (½ c. à thé) de bicarbonate de
    soude
5 ml (1 c. à thé) de sel
125 ml (½ tasse) d'amandes finement
    moulues, rôties
190 ml (¾ tasse) de gelée de framboises

1. Préchauffer le four à 180 °C (350 °F). Déposer les caissettes en papier dans un moule à cupcakes moyens.

2. Dans un grand bol, défaire en crème le beurre et le sucre à l'aide d'un batteur électrique à vitesse moyenne, jusqu'à ce que le mélange soit léger et aéré, de 3 à 5 minutes. Ajouter les œufs et battre 1 minute après chaque ajout. Incorporer l'extrait d'amande et la crème sure.

3. Dans un autre bol, combiner la farine, le cacao, la cannelle, le bicarbonate de soude et le sel. Ajouter les amandes moulues.

4. À l'aide d'un batteur électrique à basse vitesse, ajouter les ingrédients secs au mélange crémeux. Bien mélanger jusqu'à ce que le tout soit homogène.

5. Remplir les caissettes en papier de la moitié aux trois quarts. Ajouter 5 ml (1 c. à thé) de gelée de framboises dans chaque moule. Faire cuire de 20 à 25 minutes, ou jusqu'à ce qu'un cure-dent inséré dans le centre des cupcakes en ressorte propre. Laisser refroidir les cupcakes dans le moule.

Cupcakes au café

12 gros blancs d'œuf, froids

45 ml (3 c. à soupe) d'expresso, à la température ambiante

15 ml (1 c. à soupe) de jus de citron

5 ml (1 c. à thé) de crème de tartre

5 ml (1 c. à thé) d'extrait de vanille

2,5 ml (½ c. à thé) d'extrait d'amande

375 ml (1½ tasse) de sucre cristallisé

250 ml (1 tasse) de farine tout usage

15 ml (1 c. à soupe) de grains d'expresso moulus

2,5 ml (½ c. à thé) de sel

1. Préchauffer le four à 170 °C (325 °F). Déposer les caissettes en papier dans un moule à cupcakes moyens.

2. Dans un grand bol, combiner les blancs d'œuf, l'expresso, le jus de citron, la crème de tartre, et les extraits de vanille et d'amande. À l'aide d'un batteur électrique à haute vitesse, battre jusqu'à ce que le mélange soit mousseux avec de très petites bulles, de 2 à 3 minutes. Ajouter graduellement 190 ml (¾ tasse) de sucre jusqu'à ce que la mousse soit d'un blanc crémeux. Ne pas trop battre.

3. Dans un autre bol, combiner 190 ml (¾ tasse) de sucre, la farine, les grains d'expresso moulus et le sel.

4. Incorporer les ingrédients secs dans le mélange d'œufs en pliant. Mélanger délicatement à l'aide d'une spatule en caoutchouc ou d'une cuillère en bois jusqu'à ce que le tout soit homogène.

5. Remplir les caissettes en papier aux trois quarts. Faire cuire de 20 à 25 minutes, ou jusqu'à ce qu'un cure-dent inséré dans le centre des cupcakes en ressorte propre. Laisser refroidir les cupcakes dans le moule.

CUPCAKES AUX NOISETTES ET AU CAFÉ : Substituer le café à la saveur de noisettes à l'expresso. Incorporer 375 ml (1½ tasse) de noisettes hachées en pliant après que les ingrédients humides et secs ont été bien mélangés.

CUPCAKES AUX GRAINS DE JAVA : Incorporer 375 ml (1½ tasse) de chocolat noir haché en pliant après que les ingrédients humides et secs ont été bien mélangés.

Cupcakes aux biscuits à la crème

110 g (¼ lb ou 1 bâtonnet) de beurre non salé, à la température ambiante
250 ml (1 tasse) de lait
10 ml (2 c. à thé) d'extrait de vanille
560 ml (2¼ tasses) de farine tout usage
15 ml (1 c. à soupe) de levure chimique
2,5 ml (½ c. à thé) de sel
415 ml (1⅔ tasse) de sucre cristallisé
3 gros blancs d'œuf, à la température ambiante
250 ml (1 tasse) de biscuits sandwich au chocolat (environ 10), légèrement écrasés

1. Préchauffer le four à 180 °C (350 °F). Déposer les caissettes en papier dans un moule à cupcakes moyens.

2. Dans un grand bol, défaire en crème le beurre, le lait et la vanille avec un batteur électrique, jusqu'à ce que le mélange soit léger et aéré, environ 3 à 5 minutes.

3. Dans un autre bol, mélanger ensemble la farine, la levure chimique et le sel.

4. Ajouter les ingrédients secs au mélange de beurre. Bien mélanger. Incorporer le sucre. À l'aide d'un batteur électrique à basse vitesse, battre pendant 30 secondes. Augmenter à vitesse moyenne et battre pendant 2 minutes. Ajouter les blancs d'œuf. Battre pendant 2 minutes de plus. Incorporer les biscuits écrasés.

5. Remplir les caissettes en papier aux trois quarts. Faire cuire de 20 à 25 minutes, ou jusqu'à ce qu'un cure-dent inséré dans le centre des cupcakes en ressorte propre. Laisser refroidir les cupcakes dans le moule.

Cupcakes au maïs

60 ml (¼ tasse) de cassonade, plus pour saupoudrer
190 ml (¾ tasse) de semoule de maïs
310 ml (1¼ tasse) de farine tout usage
10 ml (2 c. à thé) de levure chimique
60 ml (¼ tasse) de beurre non salé, fondu et refroidi légèrement
60 ml (¼ tasse) de miel
1 gros œuf
250 ml (1 tasse) de lait

1. Préchauffer le four à 200 °C (400 °F). Déposer les caissettes en papier dans un moule à cupcakes moyens.

2. Dans un grand bol, combiner la cassonade, la semoule de maïs, la farine et la levure chimique. Ajouter le beurre fondu, le miel, l'œuf et le lait. Remuer pour humecter.

3. Remplir les caissettes en papier aux trois quarts. Saupoudrer la pâte de cassonade. Faire cuire de 15 à 20 minutes, ou jusqu'à ce qu'un cure-dent inséré dans le centre des cupcakes en ressorte propre. Laisser refroidir les cupcakes dans le moule.

Cupcakes fourrés à la crème

250 ml (1 tasse) de cassonade

250 ml (1 tasse) de lait

4 gros jaunes d'œuf, séparés dans
2 bols, à la température ambiante

150 ml (10 c. à soupe [5 oz]) de
chocolat non sucré, finement haché

110 g (¼ lb ou 1 bâtonnet) de beurre
non salé, à la température ambiante

250 ml (1 tasse) de sucre cristallisé

500 ml (2 tasses) de farine tout usage

5 ml (1 c. à thé) de levure chimique

5 ml (1 c. à thé) de sel

60 ml (¼ tasse) de crème à fouetter

5 ml (1 c. à thé) d'extrait de vanille

3 gros blancs d'œuf, à la température
ambiante

1. Préchauffer le four à 170 °C (325 °F). Déposer les caissettes en papier dans un moule à cupcakes moyens.

2. Dans un petit bol, combiner la cassonade, 125 ml (½ tasse) de lait et 2 jaunes d'œuf.

3. Dans un bain-marie, faire fondre le chocolat. Ajouter le mélange de cassonade au chocolat fondu, en brassant constamment. Lorsque le mélange est épais et luisant, après environ 3 minutes, réserver et laisser refroidir.

4. Dans un grand bol propre, défaire en crème le beurre et le sucre à l'aide d'un batteur électrique à vitesse moyenne, jusqu'à ce que le mélange soit léger et aéré, environ de 3 à 5 minutes. Ajouter les 2 jaunes d'œuf restant. Battre pour bien mélanger. Verser le mélange de chocolat refroidi dans le mélange de beurre et de sucre. Battre jusqu'à ce que le mélange soit homogène.

5. Dans un autre bol, combiner la farine, la levure chimique et le sel. Incorporer la crème à fouetter, les 125 ml (½ tasse) de lait restant et la vanille. Bien mélanger à l'aide d'une spatule en caoutchouc ou d'une cuillère en bois.

6. Ajouter le mélange de farine à la pâte. Bien mélanger.

7. Dans un petit bol, battre les blancs d'œuf à l'aide de batteurs propres à haute vitesse, jusqu'à la formation de pics mous. Plier délicatement les blancs d'œuf dans la pâte à l'aide d'une spatule en caoutchouc.

8. Remplir les caissettes en papier aux trois quarts. Faire cuire de 20 à 25 minutes, ou jusqu'à ce qu'un cure-dent inséré dans le centre des cupcakes en ressorte propre. Laisser refroidir les cupcakes dans le moule.

9. Lorsqu'ils ont refroidi, enlever un cône de 5 cm (2 po) du centre du cupcake à l'aide d'une cuillère à pamplemousse. Déposer de la crème pâtissière et replacer le cône. Glacer.

Cupcakes au lait de poule

340 g (¾ lb ou 3 bâtonnets) de beurre
    non salé, à la température ambiante
500 ml (2 tasses) de sucre cristallisé
4 gros œufs
5 ml (1 c. à thé) de rhum
5 ml (1 c. à thé) d'extrait de vanille
5 ml (1 c. à thé) d'extrait d'amande
750 ml (3 tasses) de farine tout usage
5 ml (1 c. à thé) de levure chimique
1,25 ml (¼ c. à thé) de muscade moulue
2,5 ml (½ c. à thé) de cannelle moulue
2,5 ml (½ c. à thé) de sel
250 ml (1 tasse) de lait de poule
Sirop au rhum (page 100)

1. Préchauffer le four à 180 °C (350 °F). Déposer les caissettes en papier dans un moule à cupcakes moyens.

2. Dans un grand bol, défaire en crème le beurre et le sucre à l'aide d'un batteur électrique à vitesse moyenne, jusqu'à ce que le mélange soit léger et aéré, de 3 à 5 minutes. Ajouter les œufs, 1 à la fois. Bien battre. Incorporer le rhum, et les extraits de vanille et d'amande. Bien mélanger.

3. Dans un autre bol, mélanger la farine, la levure chimique, la muscade, la cannelle et le sel.

4. Ajouter les ingrédients secs au mélange crémeux, une petite quantité à la fois , en alternant avec le lait de poule. Mélanger pendant 3 minutes.

5. Remplir les caissettes en papier aux trois quarts. Faire cuire de 15 à 20 minutes, ou jusqu'à ce qu'un cure-dent inséré dans le centre des cupcakes en ressorte propre. Alors que les cupcakes sont encore chauds, garnir avec du Sirop au rhum (page 100).

CUPCAKES À LA RACINETTE : Omettre le rhum, le lait de poule, l'extrait d'amande, la muscade, la cannelle et le Sirop au rhum. Ajouter à la pâte 250 ml (1 tasse) de racinette et 80 ml (⅓ tasse) de bonbons à la saveur de racinette écrasés.

Cupcakes au chocolat allemand

165 ml (⅔ tasse [4 oz]) de chocolat
    sucré allemand, haché grossièrement
180 ml (12 c. à soupe ou 1½ bâtonnet)
    de beurre non salé
375 ml (1½ tasse) de sucre cristallisé
3 gros œufs
5 ml (1 c. à thé) d'extrait de vanille
500 ml (2 tasses) de farine tout usage
5 ml (1 c. à thé) de bicarbonate de soude
1,25 ml (¼ c. à thé) de sel
250 ml (1 tasse) de lait

1. Préchauffer le four à 180 °C (350 °F). Déposer les caissettes en papier dans un moule à cupcakes moyens.

2. Dans un bain-marie ou au four à micro-ondes (avec un bol allant au four à micro-ondes), faire fondre le chocolat et le beurre. Laisser refroidir légèrement. Incorporer le sucre au mélange de chocolat et de beurre fondus. Ajouter les œufs, 1 à la fois, en battant à l'aide d'un batteur électrique à vitesse moyenne après chaque ajout. Ajouter la vanille. Mélanger.

3. Dans un autre grand bol, combiner la farine, le bicarbonate de soude et le sel.

4. Ajouter les ingrédients secs au mélange crémeux une petite quantité à la fois, en alternant avec le lait. Mélanger jusqu'à ce que le tout soit homogène.

5. Remplir les caissettes en papier aux trois quarts. Faire cuire de 20 à 25 minutes, ou jusqu'à ce qu'un cure-dent inséré dans le centre des cupcakes en ressorte propre. Laisser refroidir les cupcakes dans le moule.

Cupcakes au pain d'épice

110 g (¼ lb ou 1 bâtonnet) de beurre
   non salé, à la température ambiante
60 ml (¼ tasse) de cassonade foncée
60 ml (¼ tasse) de sucre cristallisé
1 gros œuf
165 ml (⅔ tasse) de mélasse légère
10 ml (2 c. à thé) de zeste de citron
625 ml (2½ tasses) de farine tout usage
7,5 ml (1½ c. à thé) de bicarbonate
   de soude
5 ml (1 c. à thé) de cannelle moulue
6,25 ml (1¼ c. à thé) de gingembre
   moulu
2,5 ml (½ c. à thé) de clous de girofle
   moulus
250 ml (1 tasse) de crème sure

1. Préchauffer le four à 190 °C (375 °F). Déposer les caissettes en papier dans un moule à cupcakes moyens.

2. Dans un grand bol, défaire en crème le beurre et le sucre à l'aide d'un batteur électrique à vitesse moyenne, jusqu'à ce que le mélange soit léger et aéré, de 3 à 5 minutes. Ajouter l'œuf, la mélasse et le zeste de citron au mélange crémeux. Bien battre.

3. Dans un autre bol, combiner la farine, le bicarbonate de soude, la cannelle, le gingembre et les clous de girofle.

4. Ajouter les ingrédients secs au mélange crémeux une petite quantité à la fois en alternant avec la crème sure, jusqu'à ce que le tout soit homogène, environ 30 secondes.

5. Remplir les caissettes en papier de la moitié aux trois quarts. Faire cuire de 15 à 20 minutes ou jusqu'à ce qu'un cure-dent inséré dans le centre des cupcakes en ressorte propre. Laisser refroidir les cupcakes dans le moule.

Cupcakes dorés

225 g (½ lb ou 2 bâtonnets) de beurre
   non salé, à la température ambiante
500 ml (2 tasses) de sucre cristallisé
4 gros œufs, séparés, à la température
   ambiante
10 ml (2 c. à thé) d'extrait de vanille
750 ml (3 tasses) de farine tout usage
20 ml (4 c. à thé) de levure chimique
2,5 ml (½ c. à thé) de sel
250 ml (1 tasse) de lait

1. Préchauffer le four à 180 °C (350 °F). Déposer les caissettes en papier dans un moule à cupcakes moyens.

2. Dans un grand bol, défaire en crème le beurre et le sucre à l'aide d'un batteur électrique à vitesse moyenne, jusqu'à ce que le mélange soit léger et aéré, environ 3 à 5 minutes. Ajouter les jaunes d'œuf. Bien battre. Ajouter la vanille. Mélanger.

3. Dans un autre bol, combiner la farine, la levure chimique et le sel.

4. Ajouter les ingrédients secs au mélange crémeux, en alternant avec le lait. Bien mélanger.

5. À l'aide de batteurs propres, battre les blancs d'œuf à haute vitesse jusqu'à la formation de pics fermes. À l'aide d'une spatule en caoutchouc, plier délicatement les blancs d'œuf dans la pâte.

6. Remplir les caissettes en papier de la moitié aux trois quarts. Faire cuire de 20 à 25 minutes, ou jusqu'à ce qu'un cure-dent inséré dans le centre des cupcakes en ressorte propre. Laisser refroidir les cupcakes dans le moule.

CUPCAKES À LA RÉGLISSE : Substituer 60 ml (4 c. à soupe) d'agent aromatisant à la réglisse ou à l'anis à l'extrait de vanille.

Cupcakes à la boisson irlandaise à la crème

165 ml (⅔ tasse) de beurre non salé, à la température ambiante

500 ml (2 tasses) de sucre cristallisé

2 gros œufs, à la température ambiante

10 ml (2 c. à thé) d'extrait de vanille

330 ml (1⅓ tasse) de liqueur irlandaise à la crème

165 ml (⅔ tasse) de lait

1 l (4 tasses) de farine tout usage 10 ml (2 c. à thé) de levure chimique

10 ml (2 c. à thé) de sel

1. Préchauffer le four à 170 °C (325 °F). Déposer les caissettes en papier dans un moule à cupcakes moyens.

2. Dans un grand bol, défaire en crème le beurre et le sucre à l'aide d'un batteur électrique à vitesse moyenne, jusqu'à ce que le mélange soit léger et aéré, environ 3 à 5 minutes. Ajouter les œufs et la vanille. Bien battre.

3. Dans un autre petit bol, combiner la liqueur et le lait.

4. Dans un autre bol, combiner la farine, la levure chimique et le sel.

5. Ajouter le mélange de farine au mélange crémeux, en alternant avec le mélange de liqueur. Battre à vitesse moyenne environ 2 minutes.

6. Remplir les caissettes en papier de la moitié aux trois quarts. Faire cuire environ 20 minutes ou jusqu'à ce qu'un cure-dent inséré dans le centre des cupcakes en ressorte propre. Laisser refroidir les cupcakes dans le moule.

Cupcakes au Kahlúa

180 ml (12 c. à soupe ou 1½ bâtonnet) de beurre non salé, à la température ambiante

125 ml (½ tasse) de poudre de cacao

375 ml (1½ tasse) de sucre cristallisé

15 ml (1 c. à soupe) d'extrait de vanille

3 gros œufs, séparés, à la température ambiante

125 ml (½ tasse) d'eau froide

125 ml (½ tasse) de Kahlúa

560 ml (2¼ tasses) de farine tout usage

15 ml (3 c. à thé) de bicarbonate de soude

2,5 ml (½ c. à thé) de sel

1. Préchauffer le four à 180 °C (350 °F). Déposer les caissettes en papier dans un moule à cupcakes moyens.

2. Dans un grand bol, défaire en crème le beurre, le cacao, le sucre et la vanille à l'aide d'un batteur électrique à vitesse moyenne, jusqu'à ce que le mélange soit léger, aéré et crémeux, environ de 3 à 5 minutes. Ajouter les jaunes d'œuf et battre pendant 4 minutes.

3. Dans un petit bol, mélanger le Kahlúa et l'eau.

4. Dans un autre bol, combiner la farine, le bicarbonate de soude et le sel.

5. Ajouter les ingrédients secs au mélange crémeux, en alternant avec le mélange de Kahlúa. Combiner à vitesse moyenne jusqu'à ce que le mélange soit homogène.

6. À l'aide de batteurs propres, battre à haute vitesse les blancs d'œuf dans un grand bol, jusqu'à la formation de pics mous. Ajouter graduellement le reste du sucre en battant pour faire la meringue. À l'aide d'une spatule en caoutchouc, plier la meringue dans la pâte.

7. Remplir les caissettes en papier de la moitié aux trois quarts. Faire cuire de 20 à 25 minutes, ou jusqu'à ce qu'un cure-dent inséré dans le centre des cupcakes en ressorte propre. Laisser refroidir les cupcakes dans le moule.

Cupcakes au citron

250 g (½ lb ou 2 bâtonnets) de beurre
non salé, à la température ambiante
500 ml (2 tasses) de sucre cristallisé
4 gros œufs, à la température ambiante
750 ml (3 tasses) de farine tout usage
2,5 ml (½ c. à thé) de bicarbonate de
soude
2,5 ml (½ c. à thé) de sel
250 ml (1 tasse) de lait
30 ml (2 c. à soupe) de zeste de citron
30 ml (2 c. à soupe) de jus de citron
frais ou de concentré de citron

1. Préchauffer le four à 170 °C (325 °F). Déposer les caissettes en papier dans un moule à cupcakes moyens.

2. Dans un grand bol, défaire en crème le beurre et le sucre à l'aide d'un batteur électrique à vitesse moyenne, jusqu'à ce que le mélange soit léger et aéré, de 3 à 5 minutes. Ajouter les œufs, 1 à la fois, en battant 1 minute après chaque ajout.

3. Dans un autre bol, combiner la farine, le bicarbonate de soude et le sel.

4. Ajouter les ingrédients secs au mélange crémeux, en alternant avec le lait. Bien mélanger. Ajouter le zeste et le jus de citron. Mélanger la pâte pendant 30 secondes.

5. Remplir les caissettes en papier aux trois quarts. Faire cuire environ 20 minutes, ou jusqu'à ce qu'un cure-dent inséré dans le centre des cupcakes en ressorte propre. Laisser refroidir les cupcakes dans le moule.

CUPCAKES AU CITRON, AU GINGEMBRE ET AUX GRAINES DE PAVOT : Ajouter 5 ml (1 c. à thé) de gingembre moulu au mélange de farine. Incorporer 60 ml (¼ tasse) de graines de pavot. Après avoir ajouté le zeste et le jus de citron, mélanger délicatement.

CUPCAKES À LA LIME : Substituer 250 ml (1 tasse) de crème sure à 250 ml (1 tasse) de lait, le zeste de lime au zeste de citron, et le jus de lime frais ou le concentré de lime au jus ou au concentré de citron.

Cupcakes aux carottes à faible teneur en matière grasse

375 ml (1½ tasse) de farine tout usage
5 ml (1 c. à thé) de bicarbonate de soude
15 ml (1 c. à soupe) de levure chimique
5 ml (1 c. à thé) de cannelle moulue
1,25 ml (¼ c. à thé) de muscade moulue
1,25 ml (¼ c. à thé) de gingembre moulu
1 gros œuf
30 ml (2 c. à soupe) d'huile végétale
60 ml (¼ tasse) de raisins secs
60 ml (¼ tasse) de noix hachées
125 ml (½ tasse) de lait à faible teneur en matière grasse
1 boîte de 225 g (8 oz) d'ananas broyés
375 ml (1½ tasse) de carottes râpées
60 ml (¼ tasse) de cassonade

1. Préchauffer le four à 180 °C (350 °F). Déposer les moules en papier dans un moule à cupcakes moyens.

2. Dans un grand bol, combiner la farine, le bicarbonate de soude, la levure chimique, la cannelle, la muscade et le gingembre. Bien mélanger.

3. Dans un autre bol, combiner le reste des ingrédients. Bien mélanger.

4. Ajouter les ingrédients liquides aux ingrédients secs. Remuer pour mélanger.

5. Remplir les moules en papier aux trois quarts. Faire cuire de 20 à 25 minutes, ou jusqu'à ce qu'un cure-dent inséré dans le centre des cupcakes en ressorte propre. Laisser refroidir les cupcakes dans le moule.

Cupcakes au chocolat à faible teneur en matière grasse

375 ml (1½ tasse) de farine tout usage
190 ml (¾ tasse) de sucre cristallisé
60 ml (¼ tasse) de poudre de cacao
10 ml (2 c. à thé) de levure chimique
5 ml (1 c. à thé) de bicarbonate de soude
2,5 ml (½ c. à thé) de sel
165 ml (⅔ tasse) de yogourt à la vanille
165 ml (⅔ tasse) de lait écrémé
2,5 ml (½ c. à thé) d'extrait de vanille
250 ml (1 tasse [6 oz]) de pépites de chocolat

1. Préchauffer le four à 180 °C (350 °F). Déposer les moules en papier dans un moule à cupcakes moyens.

2. Combiner la farine, le sucre, le cacao, la levure chimique, le bicarbonate de soude et le sel. Ajouter le yogourt, le lait et la vanille. Bien mélanger. Incorporer les pépites de chocolat en pliant.

3. Remplir les moules en papier aux trois quarts. Faire cuire de 15 à 20 minutes, ou jusqu'à ce qu'un cure-dent inséré dans le centre des cupcakes en ressorte propre. Laisser refroidir les cupcakes dans le moule.

Cupcakes blancs à faible teneur en matière grasse

60 ml (4 c. à soupe ou ½ bâtonnet) de beurre, à la température ambiante

250 ml (1 tasse) de sucre cristallisé

250 ml (1 tasse) de lait écrémé

30 ml (2 c. à soupe) de lait en poudre sans gras

1 gros œuf, à la température ambiante

10 ml (2 c. à thé) d'extrait de vanille

5 ml (1 c. à thé) d'extrait d'amande

500 ml (2 tasses) de farine tout usage

10 ml (2 c. à thé) de levure chimique

0,5 ml (⅛ c. à thé) de sel

1. Préchauffer le four à 180 °C (350 °F). Déposer les moules en papier dans un moule à cupcakes moyens.

2. Dans un grand bol, battre le beurre et le sucre à l'aide d'un batteur électrique à basse vitesse jusqu'à l'obtention d'une texture grossière, environ 1½ minute.

3. Dans un petit bol, battre le lait, le lait en poudre, l'œuf, et les extraits de vanille et d'amande. Ajouter le mélange de lait au mélange de beurre et battre à vitesse moyenne, jusqu'à ce que le mélange soit mousseux, environ 1 minute.

4. Dans un autre bol, combiner la farine, la levure chimique et le sel. Faire un puits au centre des ingrédients secs. Verser le mélange de beurre. Bien mélanger. À l'aide d'un batteur électrique à vitesse moyenne, battre pendant 10 secondes.

5. Remplir les moules en papier aux trois quarts. Faire cuire environ 20 minutes, ou jusqu'à ce que les cupcakes soient légèrement dorés ou qu'un cure-dent inséré dans leur centre ressorte propre. Laisser refroidir les cupcakes dans le moule.

Cupcakes à l'érable et aux noix

190 ml (¾ tasse ou 1½ bâtonnet) de beurre non salé, à la température ambiante

125 ml (½ tasse) de sucre cristallisé

125 ml (½ tasse) de sirop d'érable

5 ml (1 c. à thé) d'extrait de vanille

3 gros œufs

500 ml (2 tasses) de farine tout usage

12,5 ml (2½ c. à thé) de levure chimique

5 ml (1 c. à thé) de sel

60 ml (¼ tasse) de lait

125 ml (½ tasse) de noix hachées

1. Préchauffer le four à 180 °C (350 °F). Déposer les caissettes en papier dans un moule à cupcakes moyens.

2. Dans un grand bol, défaire en crème le beurre et le sucre à l'aide d'un batteur électrique à vitesse moyenne, jusqu'à ce que le mélange soit léger et aéré, de 3 à 5 minutes. Incorporer le sirop d'érable. Ajouter la vanille et les œufs. Battre jusqu'à ce que le mélange soit lisse.

3. Dans un autre bol, combiner la farine, le bicarbonate de soude et le sel.

4. Ajouter le mélange de farine au mélange crémeux, en alternant avec le lait. Bien mélanger. Incorporer les noix en brassant.

5. Remplir les caissettes en papier aux trois quarts. Faire cuire environ 20 minutes, ou jusqu'à ce qu'un cure-dent inséré dans le centre des cupcakes en ressorte propre. Laisser refroidir les cupcakes dans le moule.

Cupcakes à la menthe et aux pépites de chocolat

60 ml (¼ tasse ou ½ bâtonnet) de beurre non salé, à la température ambiante

190 ml (¾ tasse) de sucre cristallisé

80 ml (⅓ tasse [2 oz]) de chocolat non sucré, haché grossièrement, fondu

2 gros œufs, à la température ambiante

5 ml (1 c. à thé) d'extrait de menthe poivrée

125 ml (½ tasse) de lait au chocolat

375 ml (1½ tasse) de farine tout usage

5 ml (1 c. à thé) de bicarbonate de soude

125 ml (½ tasse [6 oz]) de minipépites de chocolat

1. Préchauffer le four à 180 °C (350 °F). Déposer les caissettes en papier dans un moule à cupcakes moyens.

2. Dans un grand bol, défaire en crème le beurre et le sucre à l'aide d'un batteur électrique à vitesse moyenne, jusqu'à ce que le mélange soit léger et aéré, de 3 à 5 minutes. Incorporer le chocolat fondu dans le mélange de beurre, en battant. Ajouter les œufs, l'extrait de menthe poivrée et le lait au chocolat. Battre jusqu'à ce que le mélange soit crémeux.

3. Dans un autre bol de taille moyenne, combiner la farine et le bicarbonate de soude.

4. Ajouter les ingrédients secs au mélange de chocolat et battre pour bien mélanger. À l'aide d'une spatule en caoutchouc, incorporer les pépites de chocolat en remuant.

5. Remplir les caissettes en papier aux trois quarts. Faire cuire de 15 à 20 minutes, ou jusqu'à ce qu'un cure-dent inséré dans le centre des cupcakes en ressorte propre. Laisser refroidir les cupcakes dans le moule.

Cupcakes moka

500 ml (2 tasses) de sucre cristallisé

165 ml (⅔ tasse) de beurre non salé, à la température ambiante

2 gros œufs, à la température ambiante

250 ml (1 tasse) de crème sure

500 ml (2 tasses) de farine tout usage

5 ml (1 c. à thé) de bicarbonate de soude

75 ml (5 c. à soupe) de poudre de cacao

45 ml (3 c. à soupe) de café moulu

5 ml (1 c. à thé) de sel

190 ml (¾ tasse) de café noir fort

10 ml (2 c. à thé) d'extrait de vanille

1. Préchauffer le four à 180 °C (350 °F). Déposer les caissettes en papier dans un moule à cupcakes moyens.

2. Dans un grand bol, défaire en crème le beurre, le sucre et les œufs à l'aide d'un batteur électrique à vitesse moyenne, jusqu'à ce que le mélange soit léger et aéré, de 3 à 5 minutes. Incorporer la crème sure en brassant.

3. Dans un autre bol, combiner la farine, le bicarbonate de soude, le cacao, le café moulu et le sel.

4. Dans une tasse à mesurer, combiner le café et la vanille.

5. Ajouter les ingrédients secs au mélange crémeux, en alternant avec le mélange de café. Bien mélanger.

6. Remplir les caissettes en papier aux trois quarts. Faire cuire de 20 à 25 minutes, ou jusqu'à ce qu'un cure-dent inséré dans le centre des cupcakes en ressorte propre. Laisser refroidir les cupcakes dans le moule.

CUPCAKES MOKA À LA MENTHE POIVRÉE : Ajouter 5 ml (1 c. à thé) d'extrait de menthe poivrée et 190 ml (¾ tasse) de morceaux de menthe poivrée.

Cupcakes à la mousse

6 œufs

60+30 ml (¼ tasse+2 c. à soupe) de farine tout usage

580 ml (2⅓ tasses [14 oz]) de chocolat au lait, haché grossièrement, fondu et légèrement refroidi

Crème fouettée (page 93)

1. Préchauffer le four à 170 °C (325 °F). Déposer les caissettes en papier dans un moule à cupcakes moyens ou à minicupcakes.

2. Dans un grand bol, battre les œufs et la farine à l'aide d'un batteur électrique à vitesse moyenne. Ajouter le chocolat fondu. Battre jusqu'à consistance uniforme.

3. Remplir les moules à cupcakes aux trois quarts. Faire cuire les minicupcakes de 7 à 10 minutes et les cupcakes moyens de 12 à 15 minutes, ou jusqu'à ce que les côtés soient fermes et le centre encore mou. Laisser refroidir dans le moule pendant 20 minutes. Les centres formeront une mousse.

4. Lorsqu'ils sont refroidis, recouvrir de Crème fouettée (page 93). Détacher délicatement les caissettes en papier et les utiliser pour manger les cupcakes.

Cupcakes à l'avoine et aux raisins secs

110 g (¼ lb ou 1 bâtonnet) de beurre non salé, à la température ambiante

125 ml (½ tasse) de sucre cristallisé

190 ml (¾ tasse) de cassonade bien tassée, plus pour saupoudrer

250 ml (1 tasse) de lait

375 ml (1½ tasse) de farine tout usage tamisée

250 ml (1 tasse) d'avoine à cuisson rapide

5 ml (1 c. à thé) de bicarbonate de soude

2,5 ml (½ c. à thé) de sel

2,5 ml (½ c. à thé) de cannelle moulue

1,25 ml (¼ c. à thé) de clous de girofle moulus

1,25 ml (¼ c. à thé) de piment de la Jamaïque moulu

2 gros œufs, à la température ambiante

165 ml (⅔ tasse) de raisins secs

1. Préchauffer le four à 180 °C (350 °F). Déposer les caissettes en papier dans un moule à cupcakes moyens.

2. Dans un grand bol, défaire en crème le beurre, le sucre, la cassonade et 190 ml (¾ tasse) de lait à l'aide d'un batteur électrique à vitesse moyenne.

3. Dans un autre bol, combiner la farine, l'avoine, le bicarbonate de soude, le sel, la cannelle, les clous de girofle et le piment de la Jamaïque.

4. Ajouter les ingrédients secs au mélange crémeux. Battre à basse vitesse pendant 30 secondes pour mélanger les ingrédients, puis à haute vitesse pendant 2 minutes. Ajouter les 60 ml (¼ tasse) restant du lait et les œufs. Continuer à battre 2 minutes de plus. Incorporer les raisins secs en pliant.

5. Remplir les caissettes en papier aux trois quarts. Saupoudrer la cassonade. Faire cuire de 20 à 25 minutes, ou jusqu'à ce qu'un cure-dent inséré dans le centre des cupcakes en ressorte propre. Laisser refroidir les cupcakes dans le moule.

Cupcakes au beurre d'arachide

90 ml (6 c. à soupe) de beurre non salé, à la température ambiante

250 ml (1 tasse) de beurre d'arachide crémeux ou croquant

330 ml (1⅓ tasse) de cassonade, bien tassée

3 gros œufs

15 ml (1 c. à soupe) d'extrait de vanille

750 ml (3 tasses) de farine tout usage

15 ml (1 c. à soupe) de levure chimique

5 ml (1 c. à thé) de sel

250 ml (1 tasse) de lait

1. Préchauffer le four à 180 °C (350 °F). Déposer les caissettes en papier dans un moule à cupcakes moyens.

2. Dans un grand bol, défaire en crème le beurre, le beurre d'arachide et la cassonade à l'aide d'un batteur électrique à vitesse moyenne, jusqu'à ce que le mélange soit léger et aéré, de 3 à 5 minutes. Ajouter les œufs. Bien battre. Incorporer la vanille.

3. Dans un autre bol, combiner la farine, la levure chimique et le sel.

4. Ajouter les ingrédients secs au mélange crémeux, en alternant avec le lait. Bien mélanger.

5. Remplir les caissettes en papier de la moitié aux trois quarts. Faire cuire de 15 à 20 minutes, ou jusqu'à ce qu'un cure-dent inséré dans le centre des cupcakes en ressorte propre. Laisser refroidir les cupcakes dans le moule.

Cupcakes à la tarte aux pacanes

225 g (½ lb ou 2 bâtonnets) de beurre non salé, à la température ambiante
500 ml (2 tasses) de sucre cristallisé
4 gros œufs, séparés, à la température ambiante
15 ml (3 c. à thé) d'extrait de vanille
750 ml (3 tasses) de farine tout usage
20 ml (4 c. à thé) de levure chimique
2,5 ml (½ c. à thé) de sel
250 ml (1 tasse) de lait
625 ml (2½ tasses) de pacanes
375 ml (1½ tasse) de sirop de maïs pâle
3 gros œufs, à la température ambiante
125 ml (½ tasse) de cassonade foncée, bien tassée

1. Préchauffer le four à 180 °C (350 °F). Déposer les caissettes en papier dans un moule à cupcakes moyens.

2. Dans un grand bol, défaire en crème le beurre et le sucre à l'aide d'un batteur électrique à vitesse moyenne, jusqu'à ce que le mélange soit léger et aéré, de 3 à 5 minutes. Ajouter 4 jaunes d'œuf. Bien battre. Ajouter 10 ml (2 c. à thé) de vanille. Mélanger.

3. Dans un autre bol, combiner la farine, la levure chimique et le sel.

4. Ajouter les ingrédients secs au mélange crémeux, en alternant avec le lait. Bien mélanger.

5. À l'aide de batteurs propres, battre 4 blancs d'œuf à haute vitesse dans un bol moyen, jusqu'à la formation de pics fermes. Incorporer les blancs d'œuf dans la pâte en pliant à l'aide d'une spatule.

6. Ajouter 250 ml (1 tasse) de pacanes en pliant.

7. Réserver ⅔ de la pâte. Avec la pâte, remplir les moules à cupcakes à moitié. Faire cuire pendant 5 minutes.

8. Combiner le reste de la pâte avec le sirop de maïs, 3 œufs, la cassonade, les 5 ml (1 c. à thé) restant de la vanille et les 375 ml (1½ tasse) restant des pacanes.

9. À l'aide d'une cuillère, verser la garniture aux pacanes sur les cupcakes partiellement cuits.

10. Faire cuire de 15 à 20 minutes, ou jusqu'à ce qu'un cure-dent inséré dans le centre des cupcakes en ressorte propre. Laisser refroidir les cupcakes dans le moule.

Cupcakes à la menthe poivrée

225 g (½ lb ou 2 bâtonnets) de beurre non salé, à la température ambiante

500 ml (2 tasses) de sucre cristallisé

4 gros œufs, à la température ambiante

15 ml (1 c. à soupe) d'extrait de menthe poivrée

750 ml (3 tasses) de farine tout usage

5 ml (1 c. à thé) de bicarbonate de soude

2,5 ml (½ c. à thé) de sel

250 ml (1 tasse) de lait

125 ml (½ tasse) de bonbons à la menthe poivrée écrasés

125 ml (½ tasse) d'eau bouillante

1. Préchauffer le four à 150 °C (300 °F). Déposer les caissettes en papier dans un moule à cupcakes moyens.

2. Dans un grand bol, défaire en crème le beurre et le sucre à l'aide d'un batteur électrique à vitesse moyenne, jusqu'à ce que le mélange soit léger et aéré, de 3 à 5 minutes.

3. Dans un autre bol, à l'aide de batteurs propres, battre les œufs et l'extrait de menthe poivrée à vitesse moyenne.

4. Ajouter le mélange d'œufs au mélange crémeux.

5. Dans un autre bol, combiner la farine, le bicarbonate de soude et le sel.

6. Ajouter graduellement les ingrédients secs au mélange crémeux, en alternant avec le lait. Ne pas trop mélanger. Saupoudrer les bonbons à la menthe poivrée dans la pâte. Incorporer l'eau chaude et les bonbons partiellement fondus. Bien mélanger.

7. Remplir les caissettes en papier aux trois quarts. Faire cuire pendant 20 minutes, ou jusqu'à ce qu'un cure-dent inséré dans le centre des cupcakes en ressorte propre. Laisser refroidir les cupcakes dans le moule.

Cupcakes au piña colada

110 g (¼ lb ou 2 bâtonnets) de beurre non salé, fondu et refroidi

80 ml (⅓ tasse) de jus d'ananas

15 ml (1 c. à soupe) de rhum

10 ml (2 c. à thé) d'extrait de vanille

3 gros œufs

375 ml (1½ tasse) de farine tout usage

250 ml (1 tasse) de sucre cristallisé

5 ml (1 c. à thé) de levure chimique

2,5 ml (½ c. à thé) de bicarbonate de soude

1,25 ml (¼ c. à thé) de sel

80 ml (⅓ tasse) d'ananas écrasés

80 ml (⅓ tasse) de noix de coco râpée

1. Préchauffer le four à 180 °C (350 °F). Déposer les caissettes en papier dans un moule à cupcakes moyen.

2. Dans un grand bol, battre le beurre fondu, le jus d'ananas, le rhum et la vanille à l'aide d'un batteur électrique à vitesse moyenne, jusqu'à ce que le mélange soit léger et aéré. Ajouter les œufs, 1 à la fois, et bien mélanger après chaque ajout.

3. Dans un autre bol, combiner la farine, le sucre, la levure chimique, le bicarbonate de soude et le sel.

4. À l'aide d'un batteur électrique à basse vitesse, ajouter les ingrédients secs au mélange crémeux, 125 ml (½ tasse) à la fois, et bien mélanger. Incorporer l'ananas et la noix de coco en pliant.

5. Remplir les caissettes en papier aux trois quarts. Faire cuire de 20 à 25 minutes, ou jusqu'à ce qu'un cure-dent inséré dans le centre des cupcakes en ressorte propre. Laisser refroidir les cupcakes dans le moule.

Cupcakes à la citrouille

110 g (¼ lb ou 1 bâtonnet) de beurre non salé, à la température ambiante
250 ml (1 tasse) de cassonade foncée, bien tassée
80 ml (⅓ tasse) de sucre cristallisé
2 gros œufs, à la température ambiante
500 ml (2 tasses) de farine tout usage
10 ml (2 c. à thé) de levure chimique
1,25 ml (¼ c. à thé) de bicarbonate de soude
5 ml (1 c. à thé) de cannelle moulue
5 ml (1 c. à thé) de gingembre moulu
2,5 ml (½ c. à thé) de muscade moulue
0,5 ml (⅛ c. à thé) de clous de girofle moulus
2,5 ml (½ c. à thé) de sel
125 ml (½ tasse) de lait
310 ml (1¼ tasse) de purée de citrouille, en boîte ou fraîche
5 ml (1 c. à thé) d'extrait de vanille

1. Préchauffer le four à 150 °C (300 °F). Déposer les caissettes en papier dans un moule à cupcakes moyens.

2. Dans un grand bol, défaire en crème le beurre et le sucre à l'aide d'un batteur électrique à vitesse moyenne, jusqu'à ce que le mélange soit léger et aéré, de 3 à 5 minutes. Ajouter les œufs au mélange crémeux, 1 à la fois, en brassant après chaque ajout. Bien battre.

3. Dans un autre bol, combiner la farine, la levure chimique, le bicarbonate de soude, la cannelle, le gingembre, la muscade, les clous de girofle et le sel.

4. Ajouter les ingrédients secs au mélange crémeux, en alternant avec le lait. Mélanger jusqu'à ce que le tout soit homogène.

5. Ajouter la citrouille et la vanille, et battre jusqu'à ce que le tout soit lisse.

6. Remplir les caissettes en papier de la moitié aux trois quarts. Faire cuire de 20 à 25 minutes, ou jusqu'à ce qu'un cure-dent inséré dans le centre des cupcakes en ressorte propre. Laisser refroidir les cupcakes dans le moule.

Cupcakes riches en chocolat

110 g (¼ lb ou 1 bâtonnet) de beurre non salé, à la température ambiante

125 ml (½ tasse [3 oz]) de chocolat non sucré, grossièrement haché

250 ml (1 tasse) d'eau bouillante

5 ml (1 c. à thé) d'extrait de vanille

500 ml (2 tasses) de sucre cristallisé

125 ml (½ tasse) de crème sure

500 ml (2 tasses) de farine tout usage

5 ml (1 c. à thé) de levure chimique

5 ml (1 c. à thé) de bicarbonate de soude

2 gros blancs d'œuf, à la température ambiante

1. Préchauffer le four à 170 °C (325 °F). Déposer les caissettes en papier dans un moule à cupcakes moyens ou à minicupcakes.

2. Placer le beurre et le chocolat dans un grand bol. Verser l'eau bouillante et laisser fondre. Brasser pour bien mélanger. Incorporer la vanille et le sucre.

3. Ajouter la crème sure et mélanger à vitesse moyenne, jusqu'à ce que le tout soit homogène.

4. Dans un autre bol, combiner la farine, la levure chimique et le bicarbonate de soude.

5. Ajouter graduellement les ingrédients secs à la pâte en mélangeant à vitesse moyenne, jusqu'à ce que le tout soit lisse.

6. Dans un autre bol, battre les blancs d'œuf à l'aide de batteurs propres jusqu'à ce qu'ils soient fermes. Incorporer les blancs d'œuf à la pâte en pliant.

7. Remplir les caissette en papier aux trois quarts. Faire cuire les minicupcakes de 10 à 15 minutes et les cupcakes moyens de 20 à 25 minutes, ou jusqu'à ce qu'un cure-dent inséré dans le centre des cupcakes en ressorte propre. Laisser refroidir les cupcakes dans le moule.

Cupcakes brise de mer

110 g (¼ lb ou 1 bâtonnet) de beurre non salé, à la température ambiante

190 ml (¾ tasse) de sucre cristallisé

2 gros œufs, séparés, à la température ambiante

375 ml (1½ tasse) de farine tout usage

7,5 ml (1½ c. à thé) de levure chimique

1,25 ml (¼ c. à thé) de bicarbonate de soude

1,25 ml (¼ c. à thé) de sel

125 ml (¼ tasse) de jus de pamplemousse rose

125 ml (¼ tasse) de jus de canneberge

Zeste de 1 petit pamplemousse

190 ml (¾ tasse) de canneberges hachées

1. Préchauffer le four à 150 °C (300 °F). Déposer les caissettes en papier dans un moule à cupcakes moyens.

2. Dans un grand bol, défaire en crème le beurre et le sucre à l'aide d'un batteur électrique à vitesse moyenne, jusqu'à ce que le mélange soit léger et aéré, de 3 à 5 minutes. Ajouter les jaunes d'œuf. Bien battre.

3. Dans un autre bol, combiner la farine, la levure chimique, le bicarbonate de soude et le sel.

4. Ajouter les ingrédients secs au mélange crémeux, en alternant avec les jus de pamplemousse et de canneberge. Incorporer le zeste de pamplemousse et les canneberges hachées en pliant.

5. À l'aide de batteurs propres, fouetter les blancs d'œuf jusqu'à la formation de pics fermes. Incorporer les blancs d'œuf dans la pâte en pliant délicatement à l'aide d'une spatule en caoutchouc.

6. Remplir les caissettes en papier de la moitié aux deux tiers. Faire cuire de 20 à 25 minutes, ou jusqu'à ce qu'un cure-dent inséré dans le centre des cupcakes en ressorte propre. Laisser refroidir les cupcakes dans le moule.

CUPCAKES À L'ORANGE : Substituer 125 ml (½ tasse) de jus d'orange aux jus de pamplemousse rose et de canneberge. Substituer le zeste de 2 oranges au zeste de pamplemousse, et ne pas mettre de canneberges.

Cupcakes à la crème sure et au gâteau danois

125 ml (½ tasse ou 1 bâtonnet) de
  beurre, à la température ambiante
250 ml (1 tasse) de sucre cristallisé
2 œufs, à la température ambiante
10 ml (2 c. à thé) d'extrait de vanille
500 ml (2 tasses) de farine tout usage
6,25 ml (1¼ c. à thé) de levure chimique
5 ml (1 c. à thé) de bicarbonate de
  soude
2,5 ml (½ c. à thé) de sel
250 ml (1 tasse) de crème sure
250 ml (1 tasse) de noix hachées

1. Préparer le Streusel (voir page 101).

2. Préchauffer le four à 170 °C (325 °F). Déposer les caissettes en papier dans un moule à cupcakes moyens.

3. Dans un grand bol, défaire en crème le beurre et le sucre à l'aide d'un batteur électrique à vitesse moyenne, jusqu'à ce que le mélange soit léger et aéré, de 3 à 5 minutes. Ajouter les œufs, 1 à la fois, et battre pendant 1 minute après chaque ajout. Incorporer la vanille.

4. Dans un autre bol, combiner la farine, la levure chimique, le bicarbonate de soude et le sel.

5. Ajouter les ingrédients secs au mélange crémeux, en alternant avec la crème sure. Battre jusqu'à ce que le tout soit onctueux. Incorporer les noix en pliant.

6. Remplir les caissettes en papier aux deux tiers. Saupoudrer le Streusel sur le dessus des cupcakes jusqu'en haut des moules. Faire cuire environ 20 minutes, ou jusqu'à ce qu'un cure-dent inséré dans le centre des cupcakes en ressorte propre. Laisser refroidir les cupcakes dans le moule.

Cupcakes aux épices

125 ml (½ tasse) de mélasse
125 ml (½ tasse) d'eau bouillante
60 ml (¼ tasse ou ½ bâtonnet) de
  beurre non salé, à la température
  ambiante
60 ml (¼ tasse) de sucre cristallisé
1 gros œuf, à la température ambiante
330 ml (1⅓ tasse) de farine tout usage
5 ml (1 c. à thé) de bicarbonate de
  soude
7,5 ml (1½ c. à thé) de cannelle moulue
2,5 ml (½ c. à thé) de muscade moulue
1,25 ml (¼ c. à thé) de clous de
  girofle moulus
2,5 ml (½ c. à thé) de sel

1. Préchauffer le four à 180 °C (350 °F). Déposer les caissettes en papier dans un moule à cupcakes moyens.

2. Dans un petit bol, combiner la mélasse et l'eau bouillante. Réserver.

3. Dans un grand bol, défaire en crème le beurre et le sucre à l'aide d'un batteur électrique à vitesse moyenne, jusqu'à ce que le mélange soit léger et aéré, de 3 à 5 minutes. Ajouter l'œuf au mélange crémeux. Bien mélanger.

4. Dans un autre bol, combiner le reste des ingrédients.

5. Battre le mélange de farine avec le mélange crémeux, en alternant avec le mélange de mélasse. Bien battre après chaque ajout.

6. Remplir les caissettes en papier aux trois quarts. Faire cuire environ 15 à 20 minutes, ou jusqu'à ce qu'un cure-dent inséré dans le centre des cupcakes en ressorte propre. Laisser refroidir les cupcakes dans le moule.

Cupcakes aux fraises

110 g (¼ lb ou 1 bâtonnet) de beurre
  non salé, à la température ambiante
250 ml (1 tasse) de sucre cristallisé
2 gros œufs
375 ml (1½ tasse) de farine tout usage
5 ml (1 c. à thé) de levure chimique
2,5 ml (½ c. à thé) de sel
80 ml (⅓ tasse) de lait
5 ml (1 c. à thé) d'extrait de vanille
375 ml (1½ tasse) de fraises fraîches ou
  congelées, tranchées

1. Préchauffer le four à 180 °C (350 °F). Déposer les caissettes en papier dans un moule à cupcakes moyens.

2. Dans un grand bol, défaire en crème le beurre et le sucre à l'aide d'un batteur électrique à vitesse moyenne, jusqu'à ce que le mélange soit léger et aéré, de 3 à 5 minutes. Ajouter les œufs, 1 à la fois. Bien mélanger après chaque ajout.

3. Dans un autre bol, combiner la farine, la levure chimique et le sel.

4. Ajouter les ingrédients secs au mélange crémeux, en alternant avec le lait. Mélanger pendant 3 minutes. À l'aide d'une spatule en caoutchouc, incorporer la vanille et les fraises en pliant.

5. Remplir les caissettes en papier de la moitié aux trois quarts. Faire cuire de 20 à 25 minutes, ou jusqu'à ce qu'un cure-dent inséré dans le centre des cupcakes en ressorte propre. Laisser refroidir les cupcakes dans le moule.

CUPCAKES AUX FRAISES ET À LA LIME : Incorporer 10 ml (2 c. à thé) de jus de lime et 5 ml (1 c. à thé) de zeste de lime râpé en pliant avec la vanille et les fraises.

Cupcakes *tres leches*

125 ml (½ tasse ou 1 bâtonnet) de beurre non salé, à la température ambiante

250 ml (1 tasse) de sucre cristallisé

5 gros œufs, à la température ambiante

2,5 ml (½ c. à thé) d'extrait de vanille

375 ml (1½ tasse) de farine tout usage

5 ml (1 c. à thé) de levure chimique

250 ml (1 tasse) de lait entier

190+30 ml (¾ tasse+2 c. à soupe [7 oz]) de lait condensé sucré

190 ml (¾ tasse [6 oz]) de lait concentré

80 ml (⅓ tasse) de liqueur (Frangelico, brandy ou Chambord), facultatif

1. Préchauffer le four à 180 °C (350 °F). Déposer les caissettes en papier dans un moule à cupcakes moyens.

2. Dans un grand bol, défaire en crème le beurre et le sucre à l'aide d'un batteur électrique à vitesse moyenne, jusqu'à ce que le mélange soit léger et aéré, de 3 à 5 minutes. Ajouter les œufs et la vanille. Bien battre.

3. Dans un autre bol, tamiser ensemble la farine et la levure chimique. Ajouter le mélange de farine au mélange de beurre. Bien mélanger.

4. Remplir les caissettes en papier aux trois quarts. Faire cuire de 20 à 25 minutes, ou jusqu'à ce qu'un cure-dent inséré dans le centre des cupcakes en ressorte propre. Laisser refroidir les cupcakes dans le moule.

5. Combiner le lait entier, le lait condensé, le lait concentré et la liqueur. Percer le dessus des cupcakes refroidis avec une fourchette et, à l'aide d'une cuillère, verser le mélange de lait sur le dessus des cupcakes. Réfrigérer au moins 2 heures avant de servir. Recouvrir de crème fouettée.

Cupcakes végétaliens au chocolat

90 ml (6 c. à soupe) de compote de pommes

560 ml (2¼ tasses) d'eau

5 ml (1 c. à thé) d'extrait de vanille

30 ml (2 c. à soupe) de vinaigre blanc

625 ml (2½ tasses) de farine tout usage non blanchie

165 ml (⅔ tasse) de poudre de cacao

500 ml (2 tasses) de sucre de canne non blanchi

2,5 ml (½ c. à thé) de sel

10 ml (2 c. à thé) de bicarbonate de soude

1. Préchauffer le four à 190 °C (375 °F). Déposer les caissettes en papier dans un moule à cupcakes moyens.

2. Dans un grand bol, mélanger la compote de pommes, l'eau, la vanille et le vinaigre.

3. Dans un autre bol, mélanger le reste des ingrédients.

4. Ajouter graduellement les ingrédients secs au mélange liquide. Bien battre.

5. Remplir les caissettes en papier aux trois quarts. Faire cuire de 20 à 25 minutes, ou jusqu'à ce qu'un cure-dent inséré dans le centre des cupcakes en ressorte propre. Laisser refroidir les cupcakes dans le moule.

Cupcakes blancs végétaliens

125 ml (½ tasse) de margarine
   végétalienne, à la température
   ambiante

330 ml (1⅓ tasse) de sucre de canne
   non blanchi

750 ml (3 tasses) de farine tout usage
   non blanchie

3,75 ml (¾ c. à thé) de sel

5 ml (1 c. à thé) de levure chimique

500 ml (2 tasses) de lait de soja ou de
   lait de riz

15 ml (1 c. à soupe) d'extrait de vanille

5 ml (1 c. à thé) d'extrait d'amande

1. Préchauffer le four à 180 °C (350 °F). Déposer les caissettes en papier dans un moule à cupcakes moyens.

2. Dans un grand bol, défaire en crème la margarine et le sucre à l'aide d'un batteur électrique à vitesse moyenne, jusqu'à ce que le mélange soit léger et aéré, de 3 à 5 minutes.

3. Dans un autre bol, combiner la farine, le sel et la levure chimique.

4. Ajouter les ingrédients secs au mélange crémeux, en alternant avec le lait de soja ou de riz. Ajouter les extraits de vanille et d'amande, et battre pendant 2 minutes à vitesse moyenne.

5. Remplir les caissettes en papier aux trois quarts. Faire cuire environ 20 minutes ou jusqu'à ce qu'un cure-dent inséré dans le centre des cupcakes en ressorte propre. Laisser refroidir les cupcakes dans le moule.

Cupcakes au chocolat blanc

165 ml (⅔ tasse) de lait

15 ml (1 c. à soupe) de vinaigre blanc

165 ml (⅔ tasse) de beurre non salé, à
   la température ambiante

330 ml (1⅓ tasse) de sucre cristallisé

3 gros œufs, à la température ambiante

310 ml (1¼ tasse) de pépites de
   chocolat blanc

80 ml (⅓ tasse) d'eau

5 ml (1 c. à thé) d'extrait de vanille

500 ml (2 tasses) de farine tout usage

3,75 ml (¾ c. à thé) de bicarbonate
   de soude

1,25 ml (¼ c. à thé) de sel

1. Préchauffer le four à 170 °C (325 °F). Déposer les caissettes en papier dans un moule à cupcakes moyens.

2. Dans une tasse, combiner le lait et le vinaigre. Réserver pendant au moins 5 minutes.

3. Dans un grand bol, défaire en crème le beurre et le sucre à l'aide d'un batteur électrique à vitesse moyenne, jusqu'à ce que le mélange soit léger et aéré, de 3 à 5 minutes. Ajouter les œufs, 1 à la fois, en battant après chaque ajout.

4. Dans une petite casserole, combiner 125 ml (½ tasse) de pépites de chocolat blanc et l'eau. Faire chauffer à feu doux jusqu'à ce que ce soit fondu, en brassant constamment

5. Ajouter la vanille et le mélange de chocolat blanc au mélange crémeux.

6. Dans un autre bol, combiner la farine, le bicarbonate de soude et le sel.

7. Ajouter les ingrédients secs au mélange crémeux, en alternant avec le mélange lait et vinaigre, en battant pendant 1 minute après chaque ajout. Incorporer le reste des pépites de chocolat blanc en pliant.

8. Remplir les caissettes en papier aux trois quarts. Faire cuire de 20 à 25 minutes, ou jusqu'à ce qu'un cure-dent inséré dans le centre des cupcakes en ressorte propre. Laisser refroidir les cupcakes dans le moule.

Cupcakes aux courgettes

125 ml (½ tasse) d'huile végétale

330 ml (1⅓ tasse) de sucre cristallisé

3 gros œufs

125 ml (½ tasse) de jus d'orange

5 ml (1 c. à thé) d'extrait d'amande

625 ml (2½ tasses) de farine tout usage

10 ml (2 c. à thé) de levure chimique

5 ml (1 c. à thé) de bicarbonate de soude

5 ml (1 c. à thé) de sel

10 ml (2 c. à thé) de cannelle moulue

2,5 ml (½ c. à thé) de clous de girofle moulus

375 ml (1½ tasse) de courgettes hachées

1. Préchauffer le four à 180 °C (350 °F). Déposer les caissettes en papier dans un moule à cupcakes moyens.

2. Dans un grand bol, combiner l'huile, le sucre, les œufs, le jus d'orange et l'extrait d'amande. Bien battre à l'aide d'un batteur électrique.

3. Dans un autre bol, combiner la farine, la levure chimique, le bicarbonate de soude, le sel, la cannelle et les clous de girofle.

4. Ajouter graduellement les ingrédients secs au mélange humide. Bien mélanger.

5. Incorporer les courgettes dans la pâte en pliant.

6. Remplir les caissettes en papier aux trois quarts. Faire cuire de 20 à 25 minutes, ou jusqu'à ce qu'un cure-dent inséré dans le centre des cupcakes en ressorte propre. Laisser refroidir les cupcakes dans le moule.

Cupcakes blancs

125 ml (½ tasse ou 1 bâtonnet) de beurre non salé, à la température ambiante

250 ml (1 tasse) de sucre cristallisé

2 gros œufs, séparés, à la température ambiante

5 ml (1 c. à thé) d'extrait de vanille

375 ml (1½ tasse) de farine tout usage

7,5 ml (1½ c. à thé) de bicarbonate de soude

1,25 ml (¼ c. à thé) de sel

250 ml (½ tasse) de lait

0,5 ml (⅛ c. à thé) de crème de tartre

1. Préchauffer le four à 180 °C (350 °F). Déposer les caissettes en papier dans un moule à cupcakes moyens.

2. Dans un grand bol, battre le beurre à l'aide d'un batteur électrique à vitesse moyenne, pendant 2 minutes. Ajouter le sucre et battre jusqu'à ce que le mélange soit léger et aéré, environ 3 minutes. Ajouter les jaunes d'œuf, 1 à la fois, en battant après chaque ajout. Ajouter la vanille et bien mélanger

3. Dans un autre bol, combiner la farine, la levure chimique et le sel.

4. À l'aide d'un mélangeur électrique à basse vitesse, ajouter en alternant le mélange de farine et le lait, et bien mélanger.

5. Dans un petit bol, à l'aide de batteurs propres, battre les blancs d'œuf à haute vitesse jusqu'à ce qu'ils soient mousseux. Ajouter la crème de tartre et continuer à battre jusqu'à la formation de pics fermes. À l'aide d'une spatule en caoutchouc, mélanger un peu de blancs d'œuf à la pâte pour la rendre plus légère, et ensuite incorporer le reste des blancs d'œuf en pliant. Ne pas trop mélanger.

6. Remplir les caissettes en papier aux trois quarts. Faire cuire environ 15 à 20 minutes ou jusqu'à ce qu'un cure-dent inséré dans le centre des cupcakes en ressorte propre. Laisser refroidir les cupcakes dans le moule.

Cupcakes pour la fête des Mères et la fête des Pères

Ce qui est agréable à la fête des Mères et à la fête des Pères, c'est que les parents sont à l'honneur et prennent un repos bien mérité de la cuisine. Des cupcakes remplis de fruits frais de la saison font un beau dessert pour la fête. Ces recettes faites avec des mélanges à gâteaux et du glaçage acheté à l'épicerie sont très faciles à faire pour les enfants (avec un tout petit peu d'aide de maman ou de papa).

CUPCAKES AU GÂTEAU SABLÉ AUX FRAISES

Vous aurez besoin de :

> *Préparation pour gâteau doré*
> *Fraises fraîches*
> *Crème fouettée*
> *Sucre coloré rouge*

Faire cuire les cupcakes au gâteau doré selon les instructions sur l'emballage. Trancher les fraises et les déposer sur le dessus des cupcakes. Ajouter un peu de crème fouettée préparée. Saupoudrer de sucre coloré rouge. Garnir le centre de chaque cupcake avec une fraise entière.

CUPCAKES AUX MÛRES

Vous aurez besoin de :

> *Préparation pour gâteau blanc*
> *250 ml (1 tasse) de mûres, plus pour décorer*
> *Recette de Glaçage à la vanille (page 92)*
> *Sucre coloré pourpre*
> *Nonpareilles blanches*

Préparer les moules à cupcakes. Faire les cupcakes selon les instructions sur la boîte, en ajoutant 250 ml (1 tasse) de mûres à la pâte avant la cuisson. Faire cuire les cupcakes et les laisser refroidir. Les glacer. Les saupoudrer de sucre coloré pourpre. Étendre un peu de glaçage blanc au centre des cupcakes. Saupoudrer avec les nonpareilles blanches. Disposer les mûres autour du glaçage blanc en un motif circulaire.

CUPCAKES AU CHOCOLAT ET AUX CERISES

Vous aurez besoin de :

> *Préparation pour gâteau au chocolat*
> *Cerises fraîches*
> *Recette de Glaçage au chocolat (page 84)*
> *Paillettes au chocolat et rouges*
> *Cerises recouvertes de chocolat (page 38)*

Préparer les moules à cupcakes. Faire les cupcakes au chocolat selon les instructions sur la boîte, en ajoutant 250 ml (1 tasse) de cerises sans noyau à la pâte avant la cuisson. Faire cuire les cupcakes, les laisser refroidir et les glacer. Combiner les paillettes dans un petit bol. Tremper les côtés des cupcakes glacés dans les paillettes. Recouvrir le dessus des cupcakes de cerises recouvertes de chocolat.

CUPCAKES AUX PÊCHES ET À LA CRÈME

Vous aurez besoin de :

> *Préparation pour gâteau doré*
> *Pouding à la vanille*
> *Crème fouettée*
> *Sucre coloré orange*
> *Pêches tranchées*

Faire cuire les cupcakes au gâteau doré et le pouding à la vanille selon les instructions sur la boîte. Placer 15 ml (1 c. à soupe) de pouding à la vanille au centre du dessus des cupcakes. Mettre de la crème fouettée tout autour. Saupoudrer de sucre orange. Disposer les tranches de pêches en motif sur le dessus des cupcakes.

Toutes les recettes donnent 500 à 625 ml (2 à 2½ tasses) de glaçage.

Glaçage aux amandes

750 ml (3 tasses) de sucre glace
10 ml (2 c. à thé) d'extrait d'amande
45 ml (3 c. à soupe) d'eau chaude

1. Mélanger le sucre glace, l'extrait d'amande et l'eau chaude.
2. Battre à la consistance désirée, en ajoutant de l'eau ou du sucre, selon le cas.

Glaçage aux bananes et à la noix de coco

82,5 ml (5½ c. à soupe) de beurre non salé
250 ml (1 tasse) de noix de coco
165 ml (⅔ tasse) de pacanes finement hachées
125 ml (½ tasse) de bananes écrasées
5 ml (1 c. à thé) de jus de citron
2 l (8 tasses) de sucre glace

1. Faire fondre 30 ml (2 c. à soupe) de beurre dans une grande poêle. Ajouter la noix de coco et les pacanes en brassant. Faire cuire à feu moyen, en brassant constamment, jusqu'à ce que la noix de coco et les pacanes soient dorées, environ 8 minutes.
2. Dans un petit bol, combiner les bananes et le jus de citron.
3. Dans un autre bol, défaire en crème le reste du beurre à l'aide d'un batteur électrique à vitesse moyenne. Ajouter le sucre, puis le mélange aux bananes. Bien mélanger. Ajouter le mélange noix de coco-pacanes. Bien mélanger.

Glaçage au beurre noisette

60 ml (4 c. à soupe ou ½ bâtonnet) de beurre non salé
1 l (4 tasses) de sucre glace
5 ml (1 c. à thé) d'extrait de vanille
0,5 ml (⅛ c. à thé) de sel
60 ml (¼ tasse) de lait

1. Faire dorer le beurre dans une petite casserole ou au four à micro-ondes.
2. Mélanger le sucre, la vanille, le sel et le lait. Ajouter le beurre noisette et brasser jusqu'à ce que le mélange soit onctueux, en ajoutant un peu de lait ou de sucre pour obtenir la consistance désirée.

Glaçage au champagne et à la crème au beurre

190 ml (¾ tasse) de graisse végétale
180 ml (12 c. à soupe ou 1½ bâtonnet) de beurre non salé, à la température ambiante
45 ml (3 c. à soupe) de champagne
1,12 l (4½ tasses) de sucre glace

1. Dans un grand bol, bien battre la graisse végétale et le beurre. Ajouter le champagne. Ajouter lentement le sucre glace et continuer à battre, jusqu'à ce que le mélange soit lisse. Si nécessaire, ajouter un peu de champagne pour obtenir la consistance désirée.

Glaçage au chocolat

90 ml (6 c. à soupe) de beurre
10 ml (2 c. à thé) d'extrait de vanille
750 ml (3 tasses) de sucre glace
190 ml (¾ tasse) de poudre de cacao
80 ml (⅓ tasse) de lait

1. Défaire en crème le beurre et la vanille à l'aide d'un batteur électrique à une vitesse basse à moyenne.

2. Dans un autre bol, combiner le sucre glace et la poudre de cacao.

3. Ajouter les ingrédients secs au mélange crémeux, et bien mélanger. Verser lentement le lait sur le glaçage, jusqu'à l'obtention de la consistance désirée. Le lait ne sera peut-être pas entièrement utilisé. Battre à l'aide d'un batteur électrique pendant 1 minute ou jusqu'à ce que le mélange soit crémeux.

Ganache au chocolat

250 ml (1 tasse [6 oz]) de chocolat blanc ou noir
180 ml (¾ tasse) de crème à fouetter

1. Placer le chocolat dans un bol.

2. Dans une casserole à feu vif, porter la crème fouettée à faible ébullition.

3. Verser la crème à fouetter chaude sur le chocolat et brasser jusqu'à ce qu'il ait fondu. Laisser la ganache refroidir à la température ambiante.

Glaçage aux macarons au chocolat

500 ml (2 tasses) de sucre glace
60 ml (¼ tasse) de poudre de cacao
15 ml (1 c. à soupe) de beurre non salé
2,5 ml (½ c. à thé) d'extrait de vanille
45 ml (3 c. à soupe) de lait
190 ml (¾ tasse) de noix de coco râpée

1. Dans un bol moyen, combiner le sucre, la poudre de cacao et le beurre. Ajouter la vanille et mélanger. Verser le lait graduellement pour obtenir la consistance désirée, et brasser jusqu'à ce que le mélange soit lisse. Incorporer la noix de coco en pliant.

Glaçage à la noix de coco et aux pacanes

1 boîte de 375 ml (12 oz) de lait concentré
375 ml (1½ tasse) de sucre cristallisé
190 ml (¾ tasse ou 1½ bâtonnet) de beurre non salé
4 jaunes d'œuf
7,5 ml (1½ c. à thé) d'extrait de vanille
665 ml (2⅔ tasses) de noix de coco râpée
375 ml (1½ tasse) de pacanes hachées

1. Dans une grande casserole, combiner le lait concentré, le sucre, le beurre, les jaunes d'œuf et la vanille. À feu moyen, brasser constamment pendant 12 minutes, ou jusqu'à ce que le mélange ait épaissi et soit doré. Retirer du feu.
2. Ajouter la noix de coco et les pacanes en brassant.
3. Laisser refroidir à la température ambiante jusqu'à l'obtention de la consistance désirée.

Glaçage au café et au fromage à la crème

1 paquet de 225 g (8 oz) de fromage à la crème, à la température ambiante
30 ml (2 c. à soupe) de lait concentré
5 ml (1 c. à thé) d'extrait de vanille
0,5 ml (⅛ c. à thé) de sel
500 ml (2 tasses) de sucre glace
20 ml (4 c. à thé) de café soluble moulu ou de grains d'expresso moulus

1. Dans un bol moyen, battre ensemble le fromage à la crème et le lait concentré jusqu'à ce que le mélange soit lisse.
2. Ajouter le reste des ingrédients et battre jusqu'à l'obtention de la consistance désirée.

Glaçage au fromage à la crème

I paquet de 225 g (8 oz) de fromage à la crème, à la température ambiante

90 ml (6 c. à soupe ou ¾ bâtonnet) de beurre non salé, à la température ambiante

750 ml (3 tasses) de sucre glace

5 ml (I c. à thé) d'extrait de vanille

1. Dans un bol moyen, défaire en crème le fromage à la crème et le beurre à l'aide d'un batteur électrique à vitesse moyenne, jusqu'à ce que le mélange soit lisse.

2. Tamiser lentement le sucre glace sur le mélange de fromage à la crème tout en continuant à battre. Mélanger jusqu'à ce que les grumeaux aient disparu. Ajouter la vanille et bien mélanger.

GLAÇAGE AU GINGEMBRE ET AU FROMAGE À LA CRÈME : Ajouter 2,5 ml (½ c. à thé) de gingembre moulu.

GLAÇAGE À L'ÉRABLE ET AU FROMAGE À LA CRÈME : Ajouter 45 ml (3 c. à soupe) de sirop d'érable.

GLAÇAGE À LA MENTHE POIVRÉE ET AU FROMAGE À LA CRÈME : Ajouter 10 ml (2 c. à thé) d'extrait de menthe poivrée et 80 ml (⅓ tasse) de bonbons à la menthe poivrée écrasés.

Glaçage à la boisson irlandaise à la crème

450 g (I lb) de sucre glace

82,5 ml (5½ c. à soupe) de beurre non salé, à la température ambiante

60 ml (¼ tasse) de lait

1,25 ml (¼ c. à thé) de sel

45 ml (3 c. à soupe) de liqueur irlandaise à la crème

1. Placer tous les ingrédients dans un petit bol et battre jusqu'à ce que le mélange soit léger et aéré. Ajouter de la boisson irlandaise à la crème ou du sucre glace au besoin pour obtenir la consistance désirée.

Glaçage au chocolat noir

500 ml (2 tasses) de crème à fouetter

250 ml (I tasse) de sucre cristallisé

250 ml (I tasse [6 oz]) de chocolat noir non sucré, haché grossièrement

110 g (¼ lb ou I bâtonnet) de beurre

15 ml (I c. à soupe) d'extrait de vanille

I pincée de sel

1. Dans une casserole à feu moyen, faire frémir la crème et le sucre en brassant constamment. Diminuer à feu doux et faire cuire pendant 6 minutes. Retirer du feu.

2. Incorporer le chocolat et le beurre en brassant jusqu'à ce qu'ils soient fondus.

3. Ajouter la vanille et le sel.

4. Réfrigérer jusqu'à l'obtention d'une consistance tartinable, environ 30 minutes.

Glaçage au fudge

60 ml (¼ tasse) de crème riche ou de crème à fouetter

7,5 ml (1½ c. à thé) de sirop de maïs

30 ml (2 c. à soupe) de sucre cristallisé

22,5 ml (1½ c. à soupe) de beurre non salé

5 ml (1 c. à thé) d'extrait de vanille

80 ml (⅓ tasse [2 oz]) de chocolat mi-sucré, haché grossièrement

1. Mettre la crème, le sirop de maïs et le sucre dans une petite casserole. Porter à ébullition à feu vif. Retirer du feu.

2. Ajouter le beurre, la vanille et le chocolat en brassant jusqu'à ce que le mélange ait fondu et qu'il soit lisse. Réfrigérer jusqu'à l'obtention d'une consistance tartinable.

Glaçage au citron

1 l (4 tasses) de sucre glace

110 g (¼ lb ou 1 bâtonnet) de beurre non salé

45 ml (3 c. à soupe) de zeste de citron

125 ml (½ tasse) de jus de citron

Quelques gouttes de colorant alimentaire jaune, facultatif

1. Dans un grand bol, défaire en crème le sucre et le beurre à l'aide d'un batteur électrique à vitesse moyenne, jusqu'à ce que le mélange soit lisse. Incorporer le zeste et le jus de citron, et le colorant alimentaire, et mélanger jusqu'à l'obtention de la consistance désirée.

GLAÇAGE À LA LIME : Substituer le zeste de lime au zeste de citron, le jus de lime au jus de citron et le colorant alimentaire vert au colorant alimentaire jaune.

Glaçage à la liqueur

750 ml (3 tasses) de sucre glace

90 ml (6 c. à soupe) de crème riche

45 ml (3 c. à soupe) de liqueur (rhum, amaretto ou brandy)

1. Combiner tous les ingrédients dans un bol moyen. Battre à basse vitesse jusqu'à ce que le mélange soit lisse. Ajouter de la liqueur ou du sucre glace, si nécessaire, pour obtenir la consistance de tartinade désirée.

Glaçage au chocolat à faible teneur en matière grasse

330 ml (1⅓ tasse) de sucre glace
80 ml (⅓ tasse) de poudre de cacao
60 ml (¼ tasse) de crème sure très
    faible en matière grasse
60 ml (¼ tasse) de lait écrémé
2,5 ml (½ c. à thé) d'extrait de vanille

1. Dans un petit bol, combiner le sucre glace et le cacao. Ajouter la crème sure, le lait et la vanille. À l'aide d'un batteur électrique à vitesse basse à moyenne, battre pour bien mélanger.

Glaçage au fromage à la crème à faible teneur en matière grasse

125 ml (½ tasse) de fromage à la crème
    léger ou ultra faible en matière
    grasse, à la température ambiante
625 ml (2½ tasses) de sucre glace
5 ml (1 c. à thé) de jus de citron
1,25 ml (¼ c. à thé) d'extrait de vanille

1. Battre ensemble le fromage à la crème, le sucre glace, le jus de citron et la vanille jusqu'à ce que le mélange soit lisse. Ajouter un peu plus de sucre glace en fouettant jusqu'à l'obtention de la consistance désirée.

Glaçage 7 minutes à faible teneur en matière grasse

2 blancs d'œuf
375 ml (1½ tasse) de sucre cristallisé
15 ml (1 c. à soupe) de sirop de maïs
    pâle
80 ml (⅓ tasse) d'eau froide
10 ml (2 c. à thé) d'extrait de vanille

1. Placer tous les ingrédients, sauf la vanille, dans un bain-marie au-dessus de l'eau bouillante. À l'aide d'un batteur électrique à vitesse moyenne-élevée, battre constamment jusqu'à la formation de pics fermes, de 4 à 7 minutes. Retirer du feu.

2. Ajouter la vanille. Battre jusqu'à l'obtention d'une consistance tartinable.

GLAÇAGE 7 MINUTES AUX AGRUMES À FAIBLE TENEUR EN MATIÈRE GRASSE : Remplacer l'eau avec du jus de citron, d'orange ou de lime. Ajouter 15 ml (1 c. à soupe) de zeste.

GLAÇAGE 7 MINUTES AU CAFÉ À FAIBLE TENEUR EN MATIÈRE GRASSE : Remplacer le sucre cristallisé avec de la cassonade. Faire dissoudre 30 ml (2 c. à soupe) de poudre de café soluble dans 80 ml (⅓ tasse) d'eau chaude et omettre l'eau froide.

GLAÇAGE 7 MINUTES À LA MENTHE POIVRÉE À FAIBLE TENEUR EN MATIÈRE GRASSE : Remplacer la vanille par 2,5 ml (½ c. à thé) d'extrait de menthe poivrée. Après que le glaçage a refroidi, incorporer 80 ml (⅓ tasse) de bonbons à la menthe poivrée écrasés, en pliant.

Glaçage à la guimauve

30 ml (2 c. à soupe) de lait
90 ml (6 c. à soupe) de sucre
1 paquet de miniguimauves
30 ml (2 c. à soupe) d'eau bouillante
2,5 ml (½ c. à thé) d'extrait de vanille

1. Dans une casserole à feu moyen-doux, faire chauffer le lait et le sucre pendant 6 minutes, sans brasser.

2. Faire chauffer les guimauves dans un bain-marie. Lorsqu'elles sont très molles, ajouter l'eau bouillante et brasser jusqu'à ce que le tout soit lisse.

3. Retirer du feu. Ajouter la vanille. À l'aide d'un batteur électrique à vitesse moyenne, incorporer dans le mélange le sucre chaud. Continuer à battre jusqu'à ce qu'il refroidisse un peu. Utiliser immédiatement.

Glaçage moka

110 g (¼ lb ou 1 bâtonnet) de beurre,
   à la température ambiante
750 ml (3 tasses) de sucre glace
30 ml (2 c. à soupe) de café moulu, de
   liqueur de café, ou de café fort
1,25 ml (¼ c. à thé) de sel
4 gros jaunes d'œuf
45 ml (3 c. à soupe) de cacao
15 ml (1 c. à soupe) d'extrait de vanille

1. Dans un bol moyen, défaire en crème le beurre et le sucre à l'aide d'un batteur électrique à vitesse moyenne, jusqu'à ce que le mélange soit lisse.

2. Ajouter le reste des ingrédients. Battre pendant 3 minutes. Ajouter plus de sucre, si nécessaire, pour obtenir la consistance de tartinade désirée.

Glaçage au beurre d'arachide

180 ml (12 c. à soupe ou 1½ bâtonnet)
   de beurre non salé, à la température
   ambiante
500 ml (2 tasses) de cassonade, bien
   tassée
60 ml (4 c. à soupe) d'eau
330 ml (1⅓ tasse) de beurre d'arachide
   crémeux ou croquant
30 ml (2 c. à soupe) d'extrait de vanille

1. Dans une casserole à feu vif, porter à ébullition le beurre, la cassonade et l'eau, et laisser bouillir pendant 2 minutes. Retirer du feu.

2. Ajouter le beurre d'arachide et la vanille en brassant jusqu'à ce que le mélange soit lisse. Étendre le glaçage chaud sur les cupcakes encore chauds. Le glaçage durcira en refroidissant.

Glaçage riche en chocolat

30 ml (2 c. à soupe) de beurre non salé

190 ml (¾ tasse) de pépites de chocolat mi-sucré

90 ml (6 c. à soupe) de crème riche

310 ml (1¼ tasse) de sucre glace

5 ml (1 c. à thé) d'extrait de vanille

1. Placer tous les ingrédients, sauf la vanille, dans une casserole. Remuer à feu doux jusqu'à ce que le mélange soit lisse. Retirer du feu.

2. Incorporer la vanille. Laisser refroidir légèrement. Ajouter plus de sucre, si nécessaire, pour obtenir la consistance de tartinade désirée.

Étendre sur les cupcakes alors que le glaçage et les cupcakes sont encore chauds.

Glaçage à la racinette

440 ml (1¾ tasse) de sucre glace

60 ml (¼ tasse ou ½ bâtonnet) de beurre non salé, à la température ambiante

2,5 ml (½ c. à thé) d'extrait de vanille

90 ml (6 c. à soupe) de racinette

1. Ajouter graduellement le sucre glace au beurre jusqu'à ce que le mélange soit homogène.

2. Incorporer la vanille et la racinette. Si nécessaire, ajouter un peu plus de racinette ou de sucre glace pour obtenir la consistance de tartinade désirée.

Glaçage à l'eau de rose

375 ml (½ lb ou 1½ tasse) de sucre glace

20 ml (4 c. à thé) d'eau de rose

Jus de 1 citron

2 gros blancs d'œuf

1. Placer tous les ingrédients dans un bol moyen et bien mélanger.

2. Glacer les cupcakes à moitié refroidis à l'aide d'un pinceau. Placer dans un endroit frais pendant 1 heure pour laisser sécher le glaçage.

Glaçage royal

3 gros blancs d'œuf
750 ml (1 lb ou 3 tasses) de sucre glace
2,5 ml (½ c. à thé) de crème de tartre

1. Placer tous les ingrédients dans un bol moyen, et bien battre à l'aide d'un batteur électrique à basse vitesse.

2. Augmenter à vitesse élevée et battre de 7 à 10 minutes, jusqu'à ce que le glaçage ait la consistance d'une meringue ferme. Le glaçage devrait être assez clair pour être étendu et assez épais pour garder sa forme.

Glaçage relevé à l'orange

45 ml (3 c. à soupe) de jus d'orange
45 ml (3 c. à soupe) de liqueur d'orange
  (Grand Marnier, curaçao ou Triple-Sec)
45 ml (3 c. à soupe) de beurre non salé, à la température ambiante
940 ml (3¾ tasses) de sucre glace
7,5 ml (1½ c. à thé) de zeste d'orange
Quelques grains de sel

1. Dans un petit bol, mélanger le jus et la liqueur d'orange.

2. Dans un bol moyen, défaire le beurre en crème. Ajouter le sucre, en alternant avec le mélange de jus d'orange, jusqu'à l'obtention de la consistance désirée.

3. Incorporer le zeste et le sel. Battre au batteur électrique à haute vitesse pendant 1 minute, jusqu'à ce que le mélange soit crémeux.

Glaçage aux fraises

90 ml (6 c. à soupe ou ½ bâtonnet) de beurre non salé, à la température ambiante
1 paquet de 225 g (8 oz) de fromage à la crème, à la température ambiante
1,13 l (4½ tasses) de sucre glace
190 ml (¾ tasse) de fraises fraîches ou surgelées, tranchées
Jus de citron, au besoin

1. À l'aide d'un batteur électrique à vitesse moyenne, défaire en crème le beurre, le fromage à la crème et le sucre, jusqu'à ce que le mélange soit lisse.

2. Ajouter les fraises. Bien mélanger. Si des fraises fraîches sont utilisées, un peu de jus de citron sera peut-être nécessaire pour obtenir la consistance de tartinade désirée.

Fondant

1 gros blanc d'œuf
15 ml (1 c. à soupe) de sirop de glucose
750 ml (3 tasses) de sucre glace, plus pour saupoudrer

1. Dans un bol, combiner le blanc d'œuf et le sirop de glucose. Mélanger à l'aide d'une cuillère en bois.

2. Ajouter le sucre glace. À l'aide d'une spatule en caoutchouc, mélanger en un mouvement de hachage, jusqu'à ce que le glaçage soit lié. Pétrir le mélange avec les doigts jusqu'à la formation d'une boule.

3. Saupoudrer de sucre glace une surface de travail. Pétrir la boule jusqu'à ce qu'elle soit souple et flexible.

4. Rouler le glaçage sur la surface de travail jusqu'à l'obtention d'une épaisseur de 0,6 cm (¼ po).

5. Couper en différentes formes à l'aide d'un emporte-pièce ou d'un couteau.

Glaçage à la noix de coco grillée et au fromage à la crème

60 ml (4 c. à soupe) de beurre non salé, à la température ambiante
500 ml (2 tasses) de noix de coco en flocons
1 paquet de 225 g (8 oz) de fromage à la crème, à la température ambiante
500 ml (2 tasses) de sucre glace
10 ml (2 c. à thé) de lait
5 ml (1 c. à thé) d'extrait de vanille

1. Faire fondre 30 ml (2 c. à soupe) de beurre dans une grande poêle à feu moyen. Incorporer la noix de coco et faire cuire en brassant constamment, jusqu'à ce que la noix de coco soit dorée, environ 8 minutes.

2. Dans un bol, défaire en crème le reste du beurre et le fromage à la crème à l'aide d'un batteur électrique à vitesse moyenne, jusqu'à ce que le mélange soit lisse et crémeux. Ajouter lentement le sucre glace, le lait et la vanille, et mélanger après chaque ajout. Battre jusqu'à ce que le mélange soit lisse. Incorporer la noix de coco grillée.

Glaçage à la vanille

750 ml (3 tasses) de sucre glace
125 ml (½ tasse ou 1 bâtonnet) de beurre non salé, à la température ambiante
10 ml (2 c. à thé) d'extrait de vanille
30 ml (2 c. à soupe) de lait

1. Ajouter graduellement le sucre au beurre ramolli, et défaire en crème à l'aide d'un batteur électrique.

2. Incorporer la vanille et le lait. Battre jusqu'à ce que le mélange soit lisse et ait la consistance de tartinade désirée. Ajouter un peu plus de lait ou de sucre au besoin.

GLAÇAGE À LA RÉGLISSE : Substituer 10 ml (2 c. à thé) d'extrait de réglisse ou d'anis à la vanille.

Glaçage végétalien au chocolat

250 ml (1 tasse) de sucre cristallisé
    végétalien
90 ml (6 c. à soupe) de fécule de maïs
60 ml (4 c. à soupe) de poudre de
    cacao
2,5 ml (½ c. à thé) de sel
250 ml (1 tasse) d'eau
30 ml (2 c. à soupe) d'huile végétale
2,5 ml (½ c. à thé) d'extrait de vanille

1. Dans une casserole moyenne, mélanger le sucre, la fécule de maïs, le cacao et le sel. Verser l'eau en fouettant et faire cuire à feu moyen en brassant constamment, jusqu'à ce que le mélange épaississe et commence à bouillir. Laisser bouillir de 1 à 2 minutes. Ne pas trop faire cuire. Retirer du feu.

2. Incorporer l'huile et la vanille. Laisser refroidir avant de l'utiliser.

Glaçage végétalien au fromage à la crème

125 ml (½ tasse) de margarine de soya,
    à la température ambiante
90 g (3 oz) de tofu style fromage à la
    crème, à la température ambiante
30 ml (2 c. à soupe) de lait de soya ou
    de lait de riz
1 l (4 tasses) de sucre glace végétalien
15 ml (1 c. à soupe) de jus de citron
5 ml (1 c. à thé) d'extrait de vanille

1. Dans un grand bol, défaire en crème la margarine, le fromage à la crème et le lait à l'aide d'un batteur électrique à vitesse moyenne.

2. Ajouter lentement le sucre en battant constamment, pour bien l'incorporer.

3. Ajouter le jus de citron et la vanille, et battre jusqu'à ce que le mélange soit léger et aéré. Si nécessaire, ajouter plus de sucre ou de lait pour obtenir la consistance désirée.

GLAÇAGE VÉGÉTALIEN AUX BAIES : Ajouter 60 ml (¼ tasse) de baies fraîches ou surgelées, écrasées.

GLAÇAGE VÉGÉTALIEN AU CAFÉ : Substituer de l'expresso au lait de soya ou au lait de riz. Ajouter 15 ml (1 c. à soupe) de grains d'expresso moulus.

Crème fouettée

375 ml (1½ tasse) de crème à fouetter
5 ml (1 c. à thé) d'extrait de vanille
30 ml (2 c. à soupe) de sucre cristallisé

1. Dans un bol moyen, fouetter la crème, la vanille et le sucre à l'aide d'un batteur électrique à haute vitesse, jusqu'à ce que le mélange devienne épais.

CRÈME FOUETTÉE À LA CANNELLE : Ajouter 2,5 ml (½ c. à thé) de cannelle moulue avant de fouetter.

Glaçage au chocolat blanc et à la crème au beurre

375 ml (1½ tasse [9 oz]) de pépites de chocolat blanc

60 ml (4 c. à soupe ou ½ bâtonnet) de beurre non salé, à la température ambiante

45 ml (3 c. à soupe) de lait

5 ml (1 c. à thé) d'extrait de vanille

1,13 l (4½ tasses) de sucre glace

1. Dans une casserole à feu moyen, faire chauffer les pépites de chocolat blanc, le beurre et le lait, jusqu'à ce que le tout ait fondu. Retirer du feu.

2. Incorporer la vanille. Incorporer lentement le sucre glace, en brassant constamment pour bien mélanger. Ajouter plus de sucre ou de lait pour obtenir la consistance de tartinade désirée.

Glaçage au chocolat blanc et à la menthe

125 ml (½ tasse) de crème à fouetter

15 ml (1 c. à soupe) de beurre non salé

225 g (8 oz) de chocolat blanc, haché

15 ml (1 c. à soupe) de crème de menthe verte

1. Dans une petite casserole à feu moyen, faire frémir la crème et le beurre. Remuer jusqu'à ce que le beurre ait fondu. Retirer du feu.

2. Ajouter le chocolat blanc. Remuer jusqu'à ce qu'il soit fondu.

3. Incorporer la crème de menthe. Laisser refroidir à la température ambiante pendant 2 heures.

RECETTES DE GARNITURES

Zestes d'agrumes confits

250 ml (1 tasse) de sucre cristallisé

125 ml (½ tasse) d'eau

30 ml (2 c. à soupe) de sirop de maïs

Pelure de 2 oranges, lavée, coupée en très fines lanières

Pelure de 2 citrons, lavée, coupée en très fines lanières

Pelure de 2 limes, lavée, coupée en très fines lanières

1. Dans une casserole à feu moyen-vif, porter à ébullition le sucre, l'eau et le sirop de maïs. Ajouter les pelures et laisser bouillir pendant 20 minutes, en brassant de temps à autre.

2. Retirer du feu et, à l'aide de pinces, placer les pelures sur une grille. Laisser sécher les pelures toute la nuit. Utiliser comme garnitures ou dans les recettes.

Sauce au caramel

125 ml (½ tasse) de cassonade pâle, tassée

60 ml (4 c. à soupe ou ½ bâtonnet) de beurre non salé

60 ml (¼ tasse) de crème riche

5 ml (1 c. à thé) d'extrait de vanille

1. Dans une casserole à feu moyen, porter à ébullition la cassonade, le beurre et la crème. Réduire le feu et laisser frémir tout en remuant, pendant 5 minutes. Retirer du feu.

2. Incorporer la vanille.

3. Verser la sauce au caramel chaude sur les cupcakes.

Biscuits célébration

250 g (½ lb ou 2 bâtonnets) de beurre non salé, ramolli

250 ml (1 tasse) de sucre cristallisé

1 gros œuf

5 ml (1 c. à thé) d'extrait de vanille

750 ml (3 tasses) de farine tout usage

10 ml (2 c. à thé) de levure chimique

1. Préchauffer le four à 200 °C (400 °F).

2. Dans un grand bol, défaire en crème le beurre et le sucre à l'aide d'un batteur électrique à vitesse moyenne, jusqu'à ce que le mélange soit léger et aéré. Ajouter les œufs et la vanille, et bien mélanger.

3. Dans un autre bol, combiner la farine et la levure chimique.

4. Ajouter lentement les ingrédients secs au mélange de beurre en brassant avec une cuillère en bois, jusqu'à ce que la farine soit bien mélangée.

5. Sur une surface légèrement farinée, rouler la moitié de la pâte à une épaisseur de 0,3 cm (⅛ po). Tremper l'emporte-pièce dans la farine et couper différentes formes dans la pâte. Placer les biscuits sur une plaque à pâtisserie non graissée. Répéter avec le reste de la pâte.

6. Faire cuire jusqu'à ce que les biscuits soient dorés sur les côtés, de 4 à 6 minutes.

7. Laisser refroidir les biscuits légèrement sur la plaque avant de les enlever. Recouvrir de votre glaçage favori.

Donne environ 48 biscuits, selon la taille de l'emporte-pièce.

• Pour donner une saveur différente à vos biscuits, ajouter 30 ml (2 c. à soupe) de zeste de citron ou 5 ml (1 c. à thé) de votre extrait d'aromatisant favori.

Biscuits aux pépites de chocolat

560 ml (2¼ tasses) de farine
5 ml (I c. à thé) de bicarbonate de soude
5 ml (I c. à thé) de sel
250 ml (I tasse) de beurre non salé, à la température ambiante
190 ml (¾ tasse) de sucre cristallisé
190 ml (¾ tasse) de cassonade, bien tassée
5 ml (I c. à thé) d'extrait de vanille
125 ml (½ tasse) d'eau
2 gros œufs
500 ml (2 tasses [12 oz]) de pépites de chocolat mi-sucré
250 ml (I tasse) de noix hachées

1. Préchauffer le four à 190 °C (375 °F). Graisser légèrement une plaque à pâtisserie.

2. Dans un bol moyen, combiner la farine, le bicarbonate de soude et le sel. Réserver.

3. Dans un autre bol, battre le beurre, le sucre, la cassonade, la vanille et l'eau jusqu'à ce que le tout soit crémeux. Ajouter les œufs et battre jusqu'à ce que le mélange soit lisse.

4. Ajouter lentement les ingrédients secs aux ingrédients humides, et remuer jusqu'à ce que la farine soit bien incorporée.

5. Incorporer les pépites de chocolat et les noix.

6. Déposer la pâte sur la plaque à pâtisserie par mesure de 2,5 ml (½ c. à thé).

7. Faire cuire de 10 à 12 minutes ou jusqu'à ce qu'ils soient dorés. Laisser refroidir, et les retirer de la plaque à pâtisserie à l'aide d'une spatule.

Donne environ 48 biscuits.

Fleurs comestibles cristallisées

2 gros blancs d'œuf
Fleurs comestibles (voir la page suivante, pour des exemples)
250 ml (I tasse) de sucre super fin

1. Placer les blancs d'œuf dans un petit bol. À l'aide d'un petit pinceau, enduire légèrement le dessus et le dessous de chaque fleur.

2. Saupoudrer de sucre le dessus et le dessous de chaque fleur.

3. Placer les fleurs sur du papier ciré ou parchemin. Laisser reposer jusqu'à ce qu'elles soient fermes, environ 1 heure.

Fleurs comestibles

PISSENLIT — Les jeunes fleurs sont les plus sucrées. Elles goûtent le miel.

CAMOMILLE — Ces petites fleurs qui ressemblent à des marguerites ont une saveur de pomme et sont sucrées.

CHRYSANTHÈME — Acidulé; plusieurs variétés de couleurs incluant le rouge, le blanc, le jaune et l'orange.

LAVANDE — Sucrée, saveur de fleur.

MENTHE — Les feuilles et les fleurs peuvent être mangées. La saveur de ces fleurs est relevée et familière.

PRIMEVÈRE — Colorée et sucrée.

PENSÉE — Les pétales ont une douce saveur d'herbes.

ROSE — Les roses de couleur pâle ont une saveur douce; les variétés plus foncées ont une saveur plus intense. Les roses miniatures ou les pétales libres peuvent être cristallisés.

GÉRANIUM PARFUMÉ — Le géranium à odeur de citron aura des fleurs à la saveur de citron. Le géranium à odeur de menthe aura des fleurs à la saveur de menthe.

VIOLETTE — Saveur douce et parfumée.

NOTE : Certaines personnes sont allergiques aux fleurs, tout comme à n'importe quel autre aliment. Ces fleurs sont comestibles pour la plupart des gens.

Sauce au chocolat noir

250 ml (1 tasse) de crème 11,5 % M.G.
125 ml (½ tasse) de sucre cristallisé
60 ml (¼ tasse) de chocolat noir, haché grossièrement
45 ml (3 c. à soupe) de beurre
5 ml (1 c. à thé) d'extrait de vanille

1. Dans une casserole à feu doux, faire chauffer la crème 11,5 % M.G., le sucre, le chocolat et le beurre en fouettant, jusqu'à ce que le sucre soit dissout et que le beurre ait fondu. Augmenter à feu moyen, et fouetter jusqu'à ce que la sauce commence à frémir. Retirer du feu.

2. Incorporer la vanille. Laisser refroidir avant de servir.

Bonshommes de pain d'épice

90 ml (6 c. à soupe ou ¾ bâtonnet) de beurre non salé, à la température ambiante
190 ml (¾ tasse) de cassonade, bien tassée
1 gros œuf
125 ml (½ tasse) de mélasse
10 ml (2 c. à thé) d'extrait de vanille
5 ml (1 c. à thé) de zeste de citron râpé
750 ml (3 tasses) de farine tout usage
7,5 ml (1½ c. à thé) de levure chimique
3,75 ml (¾ c. à thé) de bicarbonate de soude
1,25 ml (¼ c. à thé) de sel
15 ml (1 c. à soupe) de gingembre moulu
8,75 ml (1¾ c. à thé) de cannelle moulue
1,25 ml (¼ c. à thé) de clous de girofle moulus
Bonbons rouges à la cannelle

1. Préchauffer le four à 190 °C (375 °F). Graisser des plaques à pâtisserie.

2. Dans un grand bol, battre le beurre, la cassonade et l'œuf jusqu'à ce que le tout soit lisse. Ajouter la mélasse, la vanille et le zeste. Battre jusqu'à ce que tout soit incorporé.

3. Dans un autre bol, combiner la farine, la levure chimique, le bicarbonate de soude, le sel, le gingembre, la cannelle et les clous de girofle.

4. Ajouter lentement les ingrédients secs aux ingrédients humides et bien mélanger.

5. Diviser la pâte en 2 boules et les remettre dans les bols. Les couvrir d'une pellicule de plastique et laisser reposer à la température ambiante pendant 2 heures.

6. Sur une surface légèrement farinée, rouler la pâte en une épaisseur de 0,6 cm (¼ po). Couper les biscuits avec un emporte-pièce en forme de bonhomme de pain d'épice. Les déposer délicatement sur les plaques à cuisson.

7. Placer les bonbons rouges à la cannelle sur les biscuits pour former des yeux et des boutons.

8. Faire cuire jusqu'à ce que les bords des biscuits soient légèrement dorés, de 6 à 10 minutes.

9. Glacer et décorer au goût.

Donne environ 48 biscuits, selon la taille de l'emporte-pièce.

Fudge chaud

165 ml (⅔ tasse [4 oz]) de chocolat
non sucré, grossièrement haché
110 g (¼ lb ou 1 bâtonnet) de beurre
non salé
2,5 ml (½ c. à thé) de sel
750 ml (3 tasses) de sucre cristallisé
1 boîte de 375 ml (12 oz) de lait
concentré

1. Dans un bain-marie, faire fondre le chocolat, le beurre et le sel.

2. Ajouter le sucre, 125 ml (½ tasse) à la fois, en brassant après chaque ajout, jusqu'à ce que le sucre ait fondu. Ajouter lentement le lait concentré et bien mélanger.

Pâte d'amande

560 ml (2¼ tasses) d'amandes finement
moulues
250 ml (1 tasse) de sucre glace, plus
pour saupoudrer
250 ml (1 tasse) de sucre super fin
5 ml (1 c. à thé) de jus de citron
2,5 ml (½ c. à thé) d'extrait d'amande
1 gros œuf

1. Dans un bol, combiner les amandes, le sucre glace et le sucre super fin, et bien mélanger. Ajouter le jus de citron, l'extrait d'amande et l'œuf. Bien mélanger, puis former une boule avec les mains.

2. Sur une surface légèrement saupoudrée de sucre glace, pétrir la pâte jusqu'à ce qu'elle soit lisse.

Sauce moka

330 ml (1⅓ tasse [8 oz]) de chocolat
noir, grossièrement haché
250 ml (1 tasse) de crème riche
125 ml (½ tasse) de café fort
fraîchement passé
5 ml (1 c. à thé) d'extrait de vanille

1. Placer le chocolat dans un bol.

2. Dans une petite casserole à feu moyen-vif, porter à ébullition la crème riche et le café.

3. Verser le mélange sur le chocolat. Fouetter délicatement jusqu'à ce que le chocolat ait complètement fondu et que la sauce soit onctueuse. Incorporer la vanille.

Sauce à l'orange

30 ml (2 c. à soupe) de sucre cristallisé
30 ml (2 c. à soupe) de zeste d'orange
250 ml (1 tasse) de jus d'orange
125 ml (½ tasse) de marmelade
    d'oranges

1. Dans une petite casserole à feu moyen, mélanger ensemble tous les ingrédients jusqu'à ce que le sucre et la marmelade aient fondu. Laisser refroidir.

Sauce aux framboises

500 ml (2 tasses) de framboises fraîches
    ou surgelées
45 ml (3 c. à soupe) de sucre cristallisé
2,5 ml (½ c. à thé) de jus de citron

1. À l'aide d'un batteur électrique ou d'un robot culinaire, réduire en purée les framboises, le sucre et le jus de citron, jusqu'à ce que le tout soit lisse. Pour une sauce plus onctueuse, passer à travers un fin tamis dans un bol.

2. Dans une casserole à feu moyen, faire chauffer la sauce jusqu'à ce que le sucre ait fondu. Servir la sauce chaude ou froide.

Garniture aux céréales de riz

30 ml (2 c. à soupe ou ¼ de bâtonnet)
    de beurre non salé
375 ml (1½ tasse) de guimauve
500 ml (2 tasses) de céréales de riz
    soufflé

1. Dans une casserole à feu doux, faire fondre le beurre. Ajouter les guimauves et brasser jusqu'à ce qu'elles soient complètement fondues. Retirer du feu.

2. Ajouter les céréales de riz. Remuer pour bien enrober les céréales.

Sirop au rhum

250 ml (1 tasse) de sucre cristallisé
125 ml (½ tasse) d'eau
5 ml (1 c. à thé ou 1 noix) de beurre
    non salé
5 ml (1 c. à thé) d'extrait de vanille
45 ml (3 c. à soupe) de rhum

1. Dans une casserole à feu moyen-vif, porter à ébullition le sucre et l'eau. Faire bouillir pendant 5 minutes. Ajouter le beurre, la vanille et le rhum. Faire cuire jusqu'à ce que le mélange devienne épais et sirupeux. Alors que le sirop est encore chaud, le verser sur les cupcakes.

Sauce aux fraises

500 ml (2 tasses) de fraises fraîches ou surgelées
75 ml (5 c. à soupe) de sucre cristallisé
5 ml (1 c. à thé) de jus de citron

1. À l'aide d'un batteur ou d'un robot culinaire, réduire en purée les fraises, le sucre et le jus de citron, jusqu'à ce que le tout soit lisse.

2. Dans une casserole à feu moyen, faire chauffer la sauce jusqu'à ce que le sucre ait fondu. Servir la sauce chaude ou froide.

Streusel

80 ml (⅓ tasse) de cassonade, bien tassée
60 ml (¼ tasse) de sucre cristallisé
5 ml (1 c. à thé) de cannelle moulue
250 ml (1 tasse) de noix hachées

1. Combiner tous les ingrédients dans un bol. Bien mélanger.

Garniture noix-pommes-raisins secs

45 ml (3 c. à soupe) de beurre non salé
375 ml (1½ tasse) de pommes hachées
250 ml (1 tasse) de noix hachées
2,5 ml (½ c. à thé) de cannelle moulue
125 ml (½ tasse) de raisins secs dorés
45 ml (3 c. à soupe) de jus de citron
45 ml (3 c. à soupe) de cassonade

1. Dans une poêle à frire à feu moyen, faire fondre le beurre. Ajouter les pommes, les noix et la cannelle, et faire sauter de 3 à 5 minutes, ou jusqu'à ce que les pommes soient légèrement dorées. Retirer du feu et transférer dans un bol.

2. Ajouter les raisins secs, le jus de citron et la cassonade. Bien mélanger.

Sauce au chocolat blanc

165 ml (⅔ tasse [4 oz]) de chocolat blanc, haché
190 ml (¾ tasse) de crème riche

1. Faire fondre le chocolat blanc dans une casserole à feu doux ou au four à micro-ondes.

2. Dans une autre casserole à feu vif, porter la crème à ébullition.

3. Fouetter la crème dans le chocolat fondu jusqu'à ce que le tout soit lisse.

Réfrigérer jusqu'au moment de servir.

Garniture à la boisson irlandaise à la crème

1 paquet de 100 g (3,4 oz) de pouding à la vanille instantané

190 ml (¾ tasse) de lait

190 ml (¾ tasse) de crème à fouetter riche

45 ml (3 c. à soupe) de boisson irlandaise à la crème

1. Placer tous les ingrédients dans un bol et battre à l'aide d'un batteur électrique à basse vitesse, jusqu'à l'obtention d'un mélange homogène et onctueux.

2. Augmenter à vitesse élevée et continuer à battre jusqu'à ce que la garniture soit légère et aérée. Ne pas trop battre.

Crème pâtissière

125 ml (½ tasse) de sucre cristallisé

60 ml (¼ tasse) de fécule de maïs

4 gros jaunes d'œuf

500 ml (2 tasses) de lait

2,5 ml (½ c. à thé) d'extrait de vanille

1. Dans un bol moyen, mélanger ensemble 60 ml (¼ tasse) de sucre et la fécule de maïs. Ajouter les jaunes d'œuf et mélanger jusqu'à la formation d'une pâte. Incorporer 125 ml (½ tasse) de lait.

2. Dans une casserole à feu moyen-vif, porter à ébullition les 375 ml (1½ tasse) restant du lait et les 60 ml (¾ tasse) restant du sucre.

3. Verser le mélange chaud sur le mélange d'œufs. Bien mélanger.

4. Remettre le mélange dans la casserole et faire cuire à feu moyen, jusqu'à ce qu'il soit épais et onctueux. Retirer du feu.

5. Incorporer la vanille et mélanger pendant encore 1 minute. Couvrir et faire refroidir pendant 2 heures.

Crème tiramisu

3 gros œufs, séparés
60 ml (4 c. à soupe) de sucre cristallisé
1 contenant de 225 g (8 oz) de fromage mascarpone ou de fromage à la crème
30 ml (2 c. à soupe) de Kahlúa ou d'amaretto

1. À l'aide d'un batteur électrique à vitesse moyenne-élevée, battre les jaunes d'œuf avec le sucre jusqu'à ce qu'ils soient légers et aérés. Ajouter le fromage et battre jusqu'à ce que le mélange soit lisse. Incorporer la liqueur.

2. Dans un autre bol, à l'aide de batteurs propres, mélanger les blancs d'œuf jusqu'à la formation de pics fermes et luisants.

3. Incorporer les blancs d'œuf au mélange de fromage en pliant jusqu'à ce que tout soit bien mélangé.

Dans le sens des aiguilles d'une montre, à partir d'en haut : Cupcakes à l'avoine et aux bananes, Cupcakes au café, Cupcakes au citron et aux graines de pavot, Cupcakes à la crème sure et au gâteau danois, Cupcakes aux bleuets.

Chapitre 4

Cupcakes de tous les jours

CUPCAKES POUR LE PETIT DÉJEUNER

Tout le monde sait qu'un bon petit déjeuner est la meilleure façon de commencer une journée. Habituellement, les muffins sont ce que l'on mange en se levant le matin, mais les cupcakes vous réveillent et vous donnent de l'énergie. Quelle est la différence entre les deux ? Les muffins sont compacts tandis que les cupcakes sont légers et ressemblent aux gâteaux. Les muffins ne sont normalement pas glacés — les cupcakes le sont (miam-miam). Faites cuire les cupcakes la veille au soir et le matin, mangez-les sur le pouce, ou gardez-les pour le brunch du weekend.

Cupcakes aux bleuets

Vous aurez besoin de :
>*1 recette de Cupcakes aux bleuets (page 52)*
>*1 recette de Glaçage à l'érable et au fromage à la crème (page 86)*
>*Miel*
>*Bleuets frais*

1. Arroser les cupcakes glacés de miel pour faire un design.
2. Garnir de bleuets frais.

Cupcakes au café

Vous aurez besoin de :

1 recette de Cupcakes au café (page 60)
1 recette de Glaçage au café et au fromage à la crème (page 85)
Grains de café expresso recouverts de chocolat

1. Recouvrir les cupcakes glacés de grains de café expresso recouverts de chocolat.

Cupcakes au citron et aux graines de pavot

Vous aurez besoin de :

1 recette de Cupcakes au citron, au gingembre et aux graines de pavot (page 66)
1 recette de Glaçage au citron (page 87)
1 recette de Glaçage au chocolat blanc et à la crème au beurre (page 94)
Graines de pavot
Poche à douille, avec un embout en forme de pétale

1. Mettre la crème au beurre dans la poche à douille et dessiner un motif en forme de fleur sur les cupcakes déjà glacés au citron.
2. Saupoudrer les graines de pavot au centre de la fleur.

Cupcakes à l'avoine et aux bananes

Vous aurez besoin de :

1 recette de Cupcakes à l'avoine et aux raisins secs (page 70)
1 recette de Glaçage aux bananes et à la noix de coco (page 83)
Granolas
Morceaux de banane séchée
Raisins secs

1. Placer les granolas dans un petit bol. Rouler le cupcake fraîchement glacé dans les granolas.
2. Décorer de morceaux de bananes et de raisins secs.

Cupcakes à la crème sure et au gâteau danois

Vous aurez besoin de :

1 recette de Cupcakes à la crème sure et au gâteau danois (page 77)
1 recette de Streusel (page 101)
1 recette de Glaçage au citron (page 87)

1. Faire cuire les cupcakes, les glacer et les garnir.
2. Arroser le dessus des cupcakes de glaçage.

CUPCAKES-SURPRISES

Ces cupcakes-surprises nous ramènent au temps où nous étions enfants. La découverte de la crème, de la confiture, des fruits, des bonbons ou du pouding cachés est une surprise excitante. Et mélanger les pâtes en étages ou en tourbillons est une façon merveilleuse de mettre à contribution vos papilles gustatives. Essayez les mélanges de saveurs au chapitre 9.

Cupcakes remplis de bonbons

Vous aurez besoin de :

1 recette de Cupcakes dorés (page 64) ou 1 recette de Cupcakes au chocolat (page 58)
1 recette de Ganache au chocolat (page 84)
1 recette de Glaçage au chocolat (page 84)
Bonbons au chocolat
Poche à douille avec embout pour écrire

1. À l'aide d'une cuillère à pamplemousse, retirer un cône de pâte de 10 ml (2 c. à thé) au centre des cupcakes. Réserver ce cône. Remplir chaque cavité avec les bonbons au chocolat. Replacer les cônes et égaliser les cupcakes.
2. Tremper les cupcakes dans la ganache. Faire refroidir pendant 1 heure pour qu'ils soient fermes.
3. Remplir une poche à douille de glaçage et décorer les cupcakes avec des motifs linéaires.

Cupcakes fourrés à la crème

Vous aurez besoin de :
1 recette de Cupcakes fourrés à la crème (page 62)
1 recette de Crème pâtissière (page 102)
1 recette de Ganache au chocolat (page 84)
1 recette de Glaçage à la vanille (page 92)
Poche à douille avec embout pour écrire

1. À l'aide d'une cuillère à pamplemousse, retirer un cône de pâte de 10 ml (2 c. à thé) au centre des cupcakes. Réserver ce cône. Remplir chaque cavité avec la Crème pâtissière. Replacer les cônes et égaliser les cupcakes.

2. Tremper les cupcakes dans la ganache. Faire refroidir pendant 1 heure pour qu'ils soient fermes.

3. Remplir une poche à douille de glaçage et décorer les cupcakes avec des motifs linéaires.

Cupcakes au tourbillon de vanille, de chocolat et de fraises

Vous aurez besoin de :
1 recette de Cupcakes dorés (page 64)
1 recette de Cupcakes au chocolat (page 58)
1 recette de Cupcakes aux fraises (page 78)
1 recette de Glaçage à la vanille (page 92)
1 recette de Glaçage au chocolat (page 84)
1 recette de Glaçage aux fraises (page 91)
Chocolat blanc
Chocolat
Fraises fraîches

1. Remplir les caissettes en papier au quart avec le mélange de Cupcakes dorés. Recouvrir avec le mélange de Cupcakes au chocolat jusqu'à ce que les caissettes soient remplies à moitié. Recouvrir avec le mélange de Cupcakes aux fraises jusqu'à ce que les caissettes soient remplies aux trois quarts. Faire cuire et laisser refroidir.

2. Glacer les cupcakes en un design de spirales avec les glaçages à la vanille, au chocolat et aux fraises.

3. Décorer les cupcakes avec le chocolat blanc, le chocolat et les fraises.

Dans le sens des aiguilles d'une montre, à partir du haut : Cupcake fourré à la crème, Cupcake au tourbillon de vanille, de chocolat et de fraises, Cupcake rempli de bonbons, Cupcake étagé au chocolat et à la menthe, Cupcake au tourbillon de beurre d'arachide et de chocolat

Bar à cupcakes

Vous vous demandez quoi apporter à un repas-partage? Vous voulez quelque chose pour garder les gens éveillés lors d'une soirée pyjama? Créez un bar à cupcakes, et ce sera le clou de la soirée.

Faites vos cupcakes et vos glaçages favoris à l'avance. Vous pouvez glacer les cupcakes ou demander à vos invités de glacer les leurs eux-mêmes. Entourez les cupcakes avec des bols de garnitures incluant de la noix de coco râpée, des noix hachées, des petits morceaux de caramel anglais, des biscuits écrasés, des paillettes et des bonbons. Incitez vos invités à créer leur propre cupcake. Certains cupcakes seront décorés simplement et de façon élégante, alors que d'autres le seront tout simplement de façon exagérée. Tous seront délicieux!

Cupcakes au tourbillon de beurre d'arachide et de chocolat

Vous aurez besoin de :
   1 recette de Cupcakes au beurre d'arachide (page 71)
   1 recette de Cupcakes au chocolat (page 58)
   1 recette de Glaçage au beurre d'arachide (page 89)
   1 recette de Glaçage au chocolat (page 84)
   Arachides
   Chocolat

1. Préparer les pâtes pour les cupcakes. Dans un grand bol, faire quelques tourbillons avec les deux pâtes. Remplir les caissettes en papier aux trois quarts. Faire cuire et laisser refroidir.

2. Préparer les glaçages. Glacer la moitié de chaque cupcake avec le glaçage au beurre d'arachide. Glacer l'autre moitié de chaque cupcake avec le glaçage au chocolat. À l'aide d'un couteau, faire des tourbillons dans les deux glaçages.

3. Garnir d'arachides et de chocolat.

Cupcakes étagés au chocolat et à la menthe

Vous aurez besoin de :
   1 recette de Cupcakes au chocolat (page 58)
   1 recette de Cupcakes à la menthe poivrée (page 73)
   1 recette de Glaçage au chocolat (page 84)
   1 recette de Glaçage à la menthe poivrée et au fromage à la crème (page 86)
   Bonbons au chocolat
   Bonbons à la menthe poivrée

1. Préparer les pâtes des cupcakes. Remplir les caissettes en papier au tiers avec de la pâte au chocolat. Verser la pâte à la menthe poivrée sur la pâte au chocolat jusqu'aux deux tiers des caissettes. Faire cuire et laisser refroidir.

2. Glacer la moitié de chaque cupcake avec le Glaçage au chocolat et l'autre moitié avec le Glaçage à la menthe poivrée et au fromage à la crème. Faire des tourbillons avec un couteau.

3. Décorer avec les bonbons au chocolat et à la menthe poivrée.

Je crois qu'il y a une infinité de façons de faire des cupcakes santé qui soient délicieux. Nous avons des recettes à faible teneur en matière grasse, mais très nutritives. Les cupcakes sont sucrés, légers et riches. Il y a quelques suggestions pour les cupcakes végétaliens aussi.

Cupcakes aux carottes à faible teneur en matière grasse

Vous aurez besoin de :

1 recette de Cupcakes aux carottes à faible teneur en matière grasse (page 67)
1 recette de Glaçage au fromage à la crème à faible teneur en matière grasse (page 88)
Noix entières
Fruits séchés
Raisins secs

1. Décorer les cupcakes glacés avec les noix entières, les fruits séchés et les raisins secs pour faire une fleur.

Cupcakes au chocolat à faible teneur en matière grasse

Vous aurez besoin de :

1 recette de Cupcakes au chocolat à faible teneur en matière grasse (page 67)
1 recette de Glaçage au chocolat à faible teneur en matière grasse (page 88)
Morceaux de chocolat, hachés
Bonbons au chocolat

1. Mettre les morceaux de chocolat dans un bol. Tremper les cupcakes fraîchement glacés dans le chocolat.
2. Recouvrir d'un bonbon entier au chocolat.

Cupcakes blancs à faible teneur en matière grasse

Vous aurez besoin de :

    1 recette de Cupcakes blancs à faible teneur en matière grasse (page 68)
    1 recette de Glaçage 7 minutes à faible teneur en matière grasse (page 88)
    Baies fraîches variées

1. Recouvrir les cupcakes glacés de baies fraîches variées.

Cupcakes végétaliens au chocolat

Vous aurez besoin de :
1 recette de Cupcakes végétaliens au chocolat (page 79)
1 recette de Glaçage végétalien au chocolat (page 93)
Noix, hachées et entières

1. Mettre les noix hachées dans un petit bol. Tremper les cupcakes fraîchement glacés dans les noix.

2. Placer une noix entière au centre de chaque cupcake de façon à créer une fleur.

Cupcakes végétaliens blancs

Vous aurez besoin de :
1 recette de Cupcakes végétaliens blancs (page 80)
1 recette de Glaçage végétalien au fromage à la crème (page 93)
Noix de coco en flocons
Baies fraîches

1. Mettre la noix de coco dans un petit bol. Tremper les côtés de cupcakes fraîchement glacés dans la noix de coco.

2. Recouvrir de baies fraîches.

Cupcakes aux courgettes

Vous aurez besoin de :
1 recette de Cupcakes aux courgettes (page 81)
1 recette de Glaçage au fromage à la crème à faible teneur en matière grasse (page 88) ou Glaçage au chocolat à faible teneur en matière grasse (page 88)
Graines de tournesol
Noix entières

1. Recouvrir les cupcakes glacés de graines de tournesol et de noix entières en créant un motif de fleur.

Sur l'assiette, dans le sens des aiguilles d'une montre à partir d'en haut : Cupcake aux carottes à faible teneur en matière grasse, Cupcake végétalien au chocolat, Cupcake végétalien blanc. Sur la serviette, de gauche à droite : Cupcake au chocolat à faible teneur en matière grasse, Cupcake blanc à faible teneur en matière grasse. En bas : Cupcake aux courgettes.

Chacun a un biscuit ou un bonbon qu'il défendra contre tout. Que vous vouliez tenter le destin pour goûter un biscuit classique aux pépites de chocolat, ou à l'avoine et aux raisins secs, cette collection nostalgique de recettes avec barres chocolatées, basée sur des saveurs de biscuits et de bonbons qui ont fait leurs preuves, est une gageure sûre (et plus certaine).

Cupcakes aux biscuits à la crème

Vous aurez besoin de :

1 recette de Cupcakes aux biscuits à la crème (page 61)
1 recette de Glaçage à la vanille (page 92)
Biscuits sandwich au chocolat, émiettés et entiers

1. Placer les miettes de biscuits dans un petit bol. Ajouter les biscuits écrasés autour de chaque cupcake.
2. Garnir avec un biscuit sandwich entier au chocolat.

Cupcakes au gingembre

Vous aurez besoin de :

1 recette de Cupcakes au pain d'épice (page 64)
1 recette de Glaçage au gingembre et au fromage à la crème (page 86)
Biscuits au gingembre, entiers et émiettés

1. Placer les miettes de biscuits dans un petit bol. Ajouter les biscuits écrasés autour de chaque cupcake.
2. Garnir avec un biscuit au gingembre entier.

Cupcakes aux biscuits aux pépites de chocolat maison

Vous aurez besoin de :

Gel pour poche à douille
1 recette de Cupcakes aux biscuits aux pépites de chocolat (page 57)
1 recette de Biscuits aux pépites de chocolat (page 96)

1. Déposer un biscuit aux pépites de chocolat sur le dessus des cupcakes glacés.

Première rangée : Cupcake aux biscuits à la crème. Rangée du centre, de gauche à droite : Cupcake aux bonbons tendres variés, Cupcake à l'avoine et aux raisins secs, Cupcake au chocolat et aux fruits variés. Dernière rangée, de gauche à droite : Cupcake aux barres chocolatées variées, Cupcake aux biscuits aux pépites de chocolat maison, Cupcake au gingembre.

Cupcakes aux barres chocolatées variées

Vous aurez besoin de :

1 recette de Cupcakes dorés (page 64) ou de Cupcakes au chocolat (page 58)
1 recette de Glaçage au chocolat (page 84)
Barres chocolatées variées de taille ordinaire, hachées
Minibarres chocolatées variées

1. Remplir les caissettes en papier de pâte aux deux tiers.

2. Hacher une variété de vos barres chocolatées favorites en petits morceaux et les déposer dans des bols séparés. À l'aide d'une cuillère, déposer différentes variétés de barres chocolatées dans les caissettes remplies de pâte. Faire cuire et laisser refroidir.

3. Diviser le glaçage dans plusieurs petits bols. Ajouter des morceaux de barres chocolatées hachées dans chaque bol de glaçage. Mélanger, puis étendre sur les cupcakes.

4. Recouvrir de minibarres chocolatées entières.

Cupcakes aux bonbons tendres variés

Vous aurez besoin de :

1 recette de Cupcakes dorés (page 64) ou de Cupcakes au chocolat (page 58)
1 recette de Glaçage au chocolat (page 84) ou de Glaçage à la vanille (page 92)
Bonbons tendres variés

1. Remplir les caissettes en papier de pâte aux deux tiers.

2. Enfoncer les bonbons tendres variés dans la pâte. Faire cuire et laisser refroidir.

3. Diviser le glaçage dans plusieurs petits bols. Hacher les bonbons tendres et les ajouter dans chaque bol de glaçage. Glacer les cupcakes.

4. Recouvrir de bonbons tendres.

Cupcakes au chocolat et aux fruits variés

Vous aurez besoin de :

1 recette de Cupcakes au chocolat (page 58)
1 recette de Glaçage au chocolat (page 84)
Variété de baies et de fruits frais

1. Remplir les caissettes en papier de pâte aux deux tiers.

2. Déposer une variété de fruits et de baies dans le moule rempli de pâte. Faire cuire et laisser refroidir.

3. Diviser le glaçage dans plusieurs petits bols. Ajouter une combinaison de baies et de fruits au glaçage. Les écraser en brassant. Glacer les cupcakes.

4. Garnir de baies et de fruits frais.

Cupcakes à l'avoine et aux raisins secs

Vous aurez besoin de :

1 recette de Cupcakes à l'avoine et aux raisins secs (page 70)
1 recette de Glaçage à l'érable et au fromage à la crème (page 86)
Biscuits tendres à l'avoine
Raisins secs recouverts de chocolat

1. Placer un biscuit tendre à l'avoine sur chaque cupcake glacé.
2. Garnir de raisins secs recouverts de chocolat

CUPCAKES TOUT CHOCOLAT

Lorsqu'on désire manger du chocolat, une petite bouchée de chocolat très riche suffit souvent à nous satisfaire. En d'autres temps, on se laisse tenter par plus d'une bouchée. Les minicupcakes qui fondent dans la bouche, dont vous trouverez les recettes ci-dessous, sont pleins de saveur, et leur taille vous permettra d'en manger plus d'un. Si vous voulez faire des folies, les énormes cupcakes sont immenses et sensationnels.

Énormes cupcakes au chocolat fondu

Vous aurez besoin de :

1 recette de Cupcakes au chocolat fondu (page 51)
1 recette de Crème fouettée (page 93)

Moule à gros cupcakes

1. Couvrir les cupcakes chauds de Crème fouettée. Servir chauds.

Dans le sens des aiguilles d'une montre,
à partir d'en haut : Énorme cupcake au
chocolat allemand, Énorme cupcake au
chocolat fondu, Minicupcake à la mousse
au chocolat, Énorme cupcake au chocolat
blanc, Minicupcake riche en chocolat.

Énormes cupcakes au chocolat allemand

Vous aurez besoin de :

    1 recette de Cupcakes au chocolat allemand (page 63)

    1 recette de Glaçage à la noix de coco et aux pacanes (page 85)

    1 recette de Glaçage au chocolat (page 84)

    Pacanes

    Chocolat

    Moule à gros cupcakes

1. Glacer le centre des cupcakes avec le Glaçage à la noix de coco et aux pacanes, et le pourtour avec le Glaçage au chocolat.

2. Recouvrir de pacanes et de chocolat.

Énormes cupcakes au chocolat blanc

Vous aurez besoin de :
1 recette de Cupcakes au chocolat blanc (page 80)
1 recette de Glaçage au chocolat blanc et à la crème au beurre (page 94)
Morceaux de chocolat blanc
Moule à gros cupcakes

1. Déposer des morceaux de chocolat blanc sur les cupcakes glacés.

Minicupcakes à la mousse au chocolat

Vous aurez besoin de :
1 recette de Cupcakes à la mousse (page 70)
1 recette de Crème fouettée (page 93)
Poudre de cacao
Morceaux de chocolat
Moule à minicupcakes

1. Déposer de la Crème fouettée sur les cupcakes cuits et refroidis.
2. Saupoudrer de cacao et recouvrir de morceaux de chocolat.

Minicupcakes riches en chocolat

Vous aurez besoin de :
1 recette de Cupcakes riches en chocolat (page 75)
1 recette de Glaçage riche en chocolat (page 90)
Boucles de chocolat (page 38)
Moule à minicupcakes

1. Déposer les Boucles de chocolat sur les minicupcakes.

Première rangée, de gauche à droite :
Cupcake coupe glacée au caramel et
aux noix, Cupcake à la banane royale.
Deuxième rangée, de gauche à droite :
Cupcake flotteur à la racinette, Cupcake
coupe glacée au fudge chaud, Cupcake
barre de crème glacée.

CUPCAKES À LA CRÈME GLACÉE

La crème glacée est toujours rafraîchissante, même au milieu de l'hiver. Voici un choix de fantaisies glacées qui transforment la crème glacée et les cupcakes en coupes glacées riches et crémeuses. Ils vous rappelleront de bons souvenirs, comme lorsque vous sortiez avec vos amis au kiosque de crème glacée.

Cupcakes à la banane royale

Vous aurez besoin de :
1 recette de Cupcakes aux bananes (page 50)
Crème glacée à la vanille ou au chocolat
Tranches de bananes ou des morceaux de banane séchée
1 recette de Crème fouettée (page 93)
Sirop de chocolat
Cerises au marasquin

1. Mettre de la crème glacée sur les cupcakes. Recouvrir de tranches ou de morceaux de banane. À l'aide d'une cuillère, garnir de Crème fouettée. Verser du sirop de chocolat et recouvrir d'une cerise au marasquin.

Cupcakes coupe glacée au caramel et aux noix

Vous aurez besoin de :
Crème glacée à la vanille
1 recette de Cupcakes à l'érable et aux noix (page 68)
1 recette de Sauce au caramel (page 95)
Noix
Bonbons au caramel

1. Mettre de la crème glacée à la vanille sur les cupcakes. Verser la Sauce au caramel sur la crème glacée. Saupoudrer de noix.
2. Garnir avec des bonbons au caramel.

Cupcakes barre de crème glacée

Vous aurez besoin de :
1 recette de Cupcakes à l'orange (page 76)
Crème glacée à la vanille
Sorbet à l'orange
1 recette de Sauce à l'orange (page 100)
1 recette de Crème fouettée (page 93)
Sucre coloré orange
Bonbon à l'orange

1. Déposer de la crème glacée à la vanille et du sorbet à l'orange sur les cupcakes. Verser la Sauce à l'orange. Recouvrir de Crème fouettée.

2. Saupoudrer de sucre et de bonbons à l'orange.

Cupcakes coupe glacée au fudge chaud

Vous aurez besoin de :
Cornets gaufrés
Crème glacée à la vanille ou au chocolat
1 recette de Cupcakes au chocolat fondu (page 51)
1 recette de Glaçage au fudge chaud (page 99)
1 recette de Crème fouettée (page 93)
Noix (ou arachides)
Cerises au marasquin

1. Briser les cornets jusqu'à environ 6,3 cm (2½ po) de la pointe. Réserver la pointe. Émietter le reste du cornet.

2. Déposer de la crème glacée sur les cupcakes cuits. Verser le Glaçage au fudge chaud sur la crème glacée. Recouvrir de Crème fouettée.

3. Piquer le cornet dans la Crème fouettée. Saupoudrer de noix et de miettes du cornet, et déposer une cerise au marasquin.

Cupcakes flotteur à la racinette

Vous aurez besoin de .
Crème glacée à la vanille
1 recette de Cupcakes à la racinette (page 63)
1 recette de Glaçage à la racinette (page 90)
Bonbons à la racinette, entiers et écrasés

1. Déposer de la crème glacée sur les cupcakes glacés.
2. Garnir de bonbons à la racinette entiers et écrasés.

Chapitre 5

Réceptions

CUPCAKES PETITS FOURS POUR LE GOÛTER

Les cupcakes petits fours réunissent deux traditions européennes — le thé anglais et les pâtisseries françaises. Recevez pour le thé, ce qui est tout à fait anglais, et offrez des cupcakes petits fours, petits gâteaux français, qui sont traditionnellement servis après le dessert. Ces petits délices, faits de minicupcakes à un ou deux étages, sont d'élégantes bouchées pour un thé agréable.

Lorsque vous offrez des rafraîchissements à deux étages, vous devez faire cuire deux minicupcakes pour chaque cupcake complet. L'étage du dessous restera dans les caissettes en papier, alors que l'étage du dessus sera cuit directement dans un moule graissé, sans caissette en papier, ou cuit dans des caissettes en papier qui seront par la suite retirées. Note : Le temps de cuisson sera de 5 à 7 minutes plus court que les cupcakes de taille moyenne.

POUR CHAQUE RECETTE :

1. Faire cuire les cupcakes dans des moules à minicupcakes. Laisser refroidir.

2. Diviser les cupcakes en 2. La première moitié servira comme étage du dessus, et l'autre moitié servira d'étage du dessous. Si les cupcakes sont cuits dans des caissettes en papier, les détacher pour les cupcakes du dessus.

3. Étendre de la confiture ou du glaçage sur le dessus des cupcakes de la couche du dessous.

4. Tourner à l'envers les cupcakes de la couche du dessus et les déposer sur les cupcakes de la couche du dessous. Glacer.

5. Rouler les cupcakes petits fours dans les noix, la noix de coco et les garnitures.

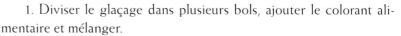

Cupcakes petits fours décorés au chocolat

Vous aurez besoin de :

1 recette de Cupcakes au chocolat (page 58)
1 recette de Glaçage à la vanille (page 92)
Colorant alimentaire
Confiture de fruits
Chocolat
Moules à minicupcakes
Poche à douille avec petit embout pour écrire

1. Diviser le glaçage dans plusieurs bols, ajouter le colorant alimentaire et mélanger.

2. Étendre de la confiture sur le dessus des cupcakes de l'étage du dessous.

3. Détacher les caissettes en papier, tourner à l'envers les cupcakes de la couche du dessus et les déposer sur les cupcakes de la couche du dessous. Glacer de tous les côtés.

4. Faire fondre le chocolat et décorer les cupcakes.

Cupcakes petits fours au citron, aux baies et à la noix de coco

Vous pouvez faire ces cupcakes avec des bleuets, des mûres, des framboises, des fraises ou tout autre type de petites baies. Utilisez la même confiture que les baies que vous aurez choisies, ou bien soyez créatif et faites un mélange de saveurs.

Vous aurez besoin de :

1 recette de Cupcakes au citron (page 66)
1 recette de Glaçage à la noix de coco grillée et au fromage à la crème (page 92)
Confiture de baies
Noix de coco râpée
Baies fraîches ou givrées (page 45)
Nœuds de zeste de citron (page 46)
Moules à minicupcakes

1. Étendre de la confiture sur le dessus des cupcakes de l'étage du dessous.

2. Détacher les caissettes en papier, tourner à l'envers les cupcakes de la couche du dessus et les déposer sur les cupcakes de la couche du dessous. Glacer de tous les côtés.

3. Verser de la noix de coco râpée dans un petit bol. Tremper les cupcakes fraîchement glacés.

4. Tremper le dessous des fruits et le zeste de citron dans le glaçage. Placer sur le dessus des cupcakes.

Cupcakes petits fours à la réglisse

Vous aurez besoin de :

1 recette de Cupcakes à la réglisse (page 64)
1 recette de Glaçage à la réglisse (page 92)
Colorant alimentaire
Confiture de fruits
Bonbons à la réglisse
Moules à minicupcakes

1. Diviser le glaçage dans plusieurs bols, ajouter le colorant alimentaire et mélanger.

2. Étendre de la confiture sur le dessus des cupcakes de l'étage du dessous.

3. Détacher les caissettes en papier, tourner à l'envers les cupcakes de la couche du dessus et les déposer sur les cupcakes de la couche du dessous. Glacer de tous les côtés.

4. Décorer avec des bonbons à la réglisse.

Cupcakes petits fours à la pâte d'amande

Vous aurez besoin de :

1 recette de Cupcakes aux amandes (page 49)
Fruits en pâte d'amande (voir pages 41-43)
1 recette de Glaçage aux amandes (page 83)
Colorant alimentaire
Amandes hachées et rôties
Moules à minicupcakes

1. Donner à la pâte d'amande la forme de fruit désirée.

2. Diviser le glaçage dans plusieurs bols, ajouter le colorant alimentaire et mélanger. Réserver quelques cuillérées de glaçage pour coller. Étendre du glaçage sur le dessus des cupcakes de l'étage du dessous.

3. Détacher les caissettes en papier, tourner à l'envers les cupcakes de la couche du dessus et les déposer sur les cupcakes de la couche du dessous. Glacer de tous les côtés.

4. Verser les amandes dans un petit bol. Tremper les cupcakes.

5. Utiliser le glaçage pour coller les fruits à la pâte d'amande sur le dessus des cupcakes.

Cupcakes petits fours à la menthe et aux pépites de chocolat

Vous aurez besoin de :

1 recette de Cupcakes à la menthe et aux pépites de chocolat (page 69)
1 recette de Glaçage au chocolat blanc et à la menthe (page 94)
Bonbons à la menthe
Morceaux de chocolat
Feuilles de menthe
Moules à minicupcakes

1. Étendre le glaçage sur le dessus des cupcakes de l'étage du dessous. Enfoncer complètement les bonbons à la menthe dans les cupcakes de l'étage du dessous.

2. Détacher les caissettes en papier, tourner à l'envers les cupcakes de la couche du dessus et les déposer sur les cupcakes de la couche du dessous. Glacer de tous les côtés.

Sur l'assiette à gâteaux, dans le sens des aiguilles d'une montre, à partir de l'extrême gauche : Cupcake petit four avec fruit recouvert de chocolat, Cupcake petit four au citron, aux baies et à la noix de coco, Cupcake petit four à la menthe et aux pépites de chocolat, Cupcake petit four avec fraises recouvertes de chocolat et de sésame, Cupcake petit four à la pâte d'amande, Cupcake petit four à la réglisse, Cupcake petit four à la menthe et aux pépites de chocolat. Au centre : Cupcake petit four au citron, aux baies et à la noix de coco. Sur la serviette : Cupcake petit four à la pâte d'amande. Sur la table : Cupcake petit four décoré au chocolat.

Cherchez-vous de nouveaux sujets de conversation pour vos réceptions ? Les cupcakes décorés à la main sont une bonne façon de briser la glace. Avant la fête, préparez les Cupcakes toiles de fond (page opposée) et mettez à la disposition des invités les ustensiles pour la décoration, comme des marqueurs comestibles, du colorant alimentaire, des pinceaux et des palettes pour aquarelles. (Comme vous le découvrirez, étendre du colorant alimentaire sur un fondant lisse ressemble beaucoup à peindre une aquarelle.) Remplissez une poche à douille de glaçage pour que vos invités puissent ajouter un cadre à leur chef-d'œuvre.

Lorsque vos invités sont réunis autour de la table, encouragez-les à peindre leurs « toiles » avec des fleurs, des paysages, des motifs étranges et des designs abstraits. Pour les inciter à devenir plus créateurs, trouvez un coin pour mettre leurs créations en valeur et précédez le dessert d'un concours de cupcakes. Faites voter vos invités pour déterminer les cupcakes les plus originaux et donnez des prix aux gagnants, puis encouragez vos invités à échanger leurs cupcakes avec leurs nouveaux amis.

3. Placer les morceaux de chocolat dans un petit bol. Tremper les cupcakes.

4. Décorer avec des feuilles de menthe et des bonbons à la menthe.

Cupcakes petits fours avec fraises recouvertes de chocolat et de sésame

Plusieurs fruits frais et séchés sont délicieux trempés dans le chocolat. Essayez les mandarines, les bananes, les raisins, les abricots séchés, les raisins secs et l'ananas séché. Combinez la recette de cupcake avec le fruit de votre choix ou créez un délicieux mélange de saveurs de fruits.

Vous aurez besoin de :
1 recette de Cupcakes aux fraises (page 78)
1 recette de Glaçage aux fraises (page 91)
Fraises recouvertes de chocolat et de graines de sésame
Confiture de fraises
Barre de chocolat noir
Graines de sésame
Moules à minicupcakes

1. Préparer les fraises recouvertes de chocolat et de graines de sésame en trempant les fraises dans le chocolat fondu et en les saupoudrant de graines de sésame. Réserver.

2. Étendre la confiture sur le dessus des cupcakes du dessous.

3. Détacher les caissettes en papier, tourner à l'envers les cupcakes de la couche du dessus et les déposer sur les cupcakes de la couche du dessous. Glacer de tous les côtés.

4. Râper la barre de chocolat dans un petit bol. Ajouter quelques graines de sésame et remuer. Tremper les cupcakes dans ce mélange de chocolat.

5. Tremper le dessous des fraises dans le glaçage pour coller. Déposer sur les cupcakes.

CUPCAKES TOILE DE FOND

*Votre recette de cupcakes
préférée
Fondant (page 91)
Votre glaçage favori (et colo-
rant alimentaire, si désiré)
Rouleau à pâtisserie
Emporte-pièce circulaire
Poche à douille avec embout
pour décorer*

1. Faites cuire votre recette favorite de cupcakes et laissez refroidir.

2. Préparez le Fondant. Roulez-le avec le rouleau à pâtisserie. À l'aide d'un emporte-pièce en forme de cercle un peu plus petit que le diamètre du cupcake, coupez le fondant en cercles et placez-le sur les cupcakes.

3. Préparez votre glaçage favori. Remplissez-en une poche à douille et décorez selon votre inspiration.

• • • •

Ustensiles pour la décoration

*Colorant alimentaire
Marqueurs comestibles
Palettes pour aquarelle
Pinceaux
Poche à douille avec embout
étoilé
Emporte-pièces (pour gaufrer)
Bonbons variés*

Organisez LA réception de l'été en servant ces cupcakes tropicaux inspirés par la mer. Faits avec des cupcakes au piña colada ou aux bananes, ces saveurs merveilleuses et ces designs variés ajouteront le charme des îles à votre prochain luau.

Cupcakes aloha-hula

Vous aurez besoin de :

*1 recette de Cupcakes au piña colada (page 73) ou de Cupcakes aux bananes
(page 50)
1 recette de Glaçage à la vanille (page 92)
Colorant alimentaire vert et bleu
Sucre coloré bleu et vert
Lettres en bonbon ou en céréale
Bonbons en fleurs
Petits bonbons ronds*

1. Diviser le glaçage dans 2 bols. Ajouter du colorant alimentaire vert dans un bol et du bleu dans l'autre.

2. Glacer les cupcakes en étendant une couleur au centre et l'autre couleur autour.

3. Saupoudrer de sucre coloré.

4. Utiliser les lettres en céréale pour écrire ces mots d'inspiration luau comme « ALOHA » et « HULA » sur les cupcakes.

5. Utiliser le glaçage pour coller des petites fleurs en bonbon sur le dessus des plus grands bonbons ronds.

Cupcakes aux bananes et à la noix de coco

Vous aurez besoin de :

*1 recette de Cupcakes aux bananes (page 50)
1 recette de Glaçage aux bananes et à la noix de coco (page 83)
Bananes en bonbon ou en pâte d'amande (voir page 41)
Noix de coco grillée
Réglisse verte*

1. Verser la noix de coco dans un petit bol. Tremper les cupcakes.

2. Faire se chevaucher les bananes en bonbon ou en pâte d'amande au centre des cupcakes pour créer un amas.

3. Couper un morceau de réglisse verte et le placer au bout des bananes pour former la tige.

Cupcakes plage

Vous aurez besoin de :

1 recette de Cupcakes au piña colada (page 73) ou de Cupcakes aux bananes (page 50)
1 recette de Glaçage à la vanille (page 92)
Colorant alimentaire orange et bleu
Biscuits Graham, écrasés
Sucre coloré bleu
Bonbons ronds

Parasol en papier

1. Diviser le glaçage dans 3 bols : 2 de tailles égales et 1 plus petit. Garder le plus petit blanc, et colorer les 2 autres avec du colorant alimentaire, 1 en bleu, l'autre en orange, pour créer l'eau et le sable.

2. Étendre le glaçage bleu sur le dessus de la moitié de chaque cupcake. Toucher légèrement et lever le glaçage pour créer des pics qui ressembleront à des vagues. Étendre le glaçage orange sur l'autre moitié des dessus. Créer une texture vallonnée qui ressemblera au sable. Tremper un cure-dent dans le glaçage blanc et l'ajouter aux vagues bleues pour simuler la crête des vagues.

3. Saupoudrer les biscuits Graham sur le glaçage orange pour donner de la texture au sable.

4. Saupoudrer du sucre bleu sur le glaçage bleu pour donner une brillance à l'eau.

5. Placer 1 parasol en papier et 1 bonbon rond en guise de ballon sur la plage.

Dans le sens des aiguilles d'une montre, à partir du haut : Cupcake poisson et corail, Cupcake Aloha, Cupcake aux bananes et à la noix de coco, Cupcake voilier, Cupcake Hula, Cupcake tête du dieu Tiki. Au centre : Cupcake plage.

Cupcakes poisson et corail

Vous aurez besoin de :

> 1 recette de Cupcakes au piña colada (page 73) ou de Cupcakes aux bananes
> (page 50)
> 1 recette de Glaçage à la vanille (page 92)
> Colorant alimentaire bleu
> Réglisse verte
> Sucre coloré bleu
> Céréales aux fruits
> Bonbons en forme de poisson
>
> Cure-dents

1. Colorer le glaçage avec du colorant alimentaire bleu.

2. Couper la réglisse en lanières de 3,7 cm (1½ po) en guise d'algues marines. Enfoncer les lanières dans chaque cupcake, en cercle, à environ 1,2 cm (½ po) du périmètre.

3. Saupoudrer le sucre coloré sur le glaçage à l'extérieur des algues marines.

4. Remplir le centre du cercle de céréales aux fruits en guise de coraux.

5. Insérer un cure-dent en dessous du bonbon en forme de poisson. Placer au centre du cupcake

Cupcakes voilier

Vous aurez besoin de :

> 1 recette de Cupcakes au piña colada (page 73), de Cupcakes brise de mer
> (page 76) ou de Cupcakes aux bananes (page 50)
> 1 recette de Glaçage à la vanille (page 92)
> Colorant alimentaire orange et bleu
> Biscuits Graham, écrasés
> Arachides en moitiés
> Bonbons carrés
> Bonbons ronds orange ou jaune
> Réglisse orange

1. Diviser le glaçage dans 4 bols : 2 grands et 2 plus petits. Colorer les 2 grands, 1 en bleu azur et l'autre en orange pour le sable. Garder 1 des petits en blanc et colorer l'autre en bleu océan.

2. Étendre le glaçage orange pour couvrir un tiers du dessus de chaque cupcake. Créer une texture vallonnée en guise de sable. Diviser la partie non glacée en parties égales, appliquer le glaçage bleu océan près du glaçage orange, et puis étendre le glaçage bleu azur sur la partie qui reste. À l'aide d'un cure-dent, ajouter du glaçage blanc sur le bout des vagues pour simuler la crête, et sur le glaçage azur pour simuler les nuages.

3. Saupoudrer les biscuits Graham sur le glaçage orange pour donner une texture au sable.

4. Pour le voilier, placer la moitié d'une arachide sur l'eau pour faire la quille. Couper les bonbons carrés en diagonale pour former des triangles. Ce seront les voiles.

5. Pour le soleil, placer 1 bonbon orange ou jaune dans le ciel. Couper la réglisse orange en petits morceaux pour les rayons de soleil.

Cupcakes tête du dieu Tiki

Vous aurez besoin de :

1 recette de Cupcakes au piña colada (page 73) ou de Cupcakes aux bananes (page 50)
1 recette de Glaçage à la vanille (page 92)
Colorant alimentaire vert
Bonbons carrés
Petits bonbons ronds
Réglisse
Gros bonbons ronds
Fleurs en bonbon

1. Diviser le glaçage dans 2 bols. En garder 1 blanc, et colorer l'autre en vert avec du colorant alimentaire. En réserver quelques cuillérées pour coller.

2. Glacer le dessus des cupcakes en blanc, du centre jusqu'à 1,2 cm (½ po) du périmètre. Glacer le périmètre en vert.

3. Coller 4 bonbons carrés pour créer les têtes de Tiki. Utiliser le glaçage pour coller des petits bonbons ronds afin de dessiner les figures.

4. Couper la réglisse et former une croix centrée. Utiliser le glaçage pour coller les fleurs en bonbon sur la réglisse. Placer 1 bonbon rond au point d'intersection.

5. Enfoncer des bonbons ronds dans le glaçage autour du périmètre du cupcake.

CUPCAKES POUR LES DÎNERS

Ces cupcakes servis au dîner des adultes vous permettent de vous illustrer. Ces recettes sont si différentes que vous pourrez trouver la combinaison parfaite pour n'importe quel repas principal. À un dîner ou à une fête de dessert, vous pouvez servir ces cupcakes sans moule de papier, dans une assiette arrosée de sauce, ou avec leur moule en papier et la sauce versée sur le dessus.

Dans le sens des aiguilles d'une montre, en partant du haut à gauche : Cupcake madeleine au fond noir, Cupcake au chocolat, aux amandes et aux framboises, Cupcake au tiramisu, Cupcake au gâteau au fromage, Cupcake aux pommes à la mode. Centre : Cupcake Napoléon.

Cupcakes aux pommes à la mode

Vous aurez besoin de :

    1 recette de Cupcakes aux pommes (page 50)
    1 recette de Garniture noix-pommes-raisins secs (page 101)
    1 recette de Sauce au caramel (page 95)
    Crème glacée à la vanille

    Cuillère parisienne

1. À l'aide d'une cuillère parisienne, déposer une petite quantité de crème glacée à la vanille sur les cupcakes.

2. Verser de la Sauce au caramel sur les assiettes ou sur les cupcakes.

3. Recouvrir de Garniture noix-pommes-raisins secs.

Cupcakes madeleines au fond noir

Vous aurez besoin de :

    1 recette de Cupcakes au fond noir (page 51)
    1 recette de Cupcakes riches en chocolat (page 75) ou de Cupcakes dorés (page 64)
    1 recette de Sauce au chocolat blanc (page 101)
    1 recette de Sauce au chocolat noir (page 98)
    Poudre de cacao
    Sucre glace

    Moule à madeleines
    Gel pour décoration

1. Faire cuire les Cupcakes à fond noir dans des caissettes en papier ou dans des moules à gâteau non graissés. Faire cuire les cupcakes riches en chocolat ou dorés dans un moule à madeleines.

2. Préparer les sauces au chocolat blanc et noir. Si les cupcakes sont servis sur une assiette, verser la Sauce au chocolat blanc sur une moitié et la Sauce au chocolat noir sur l'autre moitié. Placer le cupcake dans l'assiette.

3. Utiliser le gel pour décoration pour coller 1 madeleine sur chaque cupcake à fond noir.

4. Verser les sauces au chocolat blanc et noir sur les cupcakes.

Cupcakes au gâteau au fromage

Il existe plusieurs variétés de gâteau au fromage que vous pouvez déguster. En voici quelques-unes. Les sauces aux fruits et les sirops peuvent être versés sur les cupcakes ou dans les assiettes.

Vous aurez besoin de :

1 recette de Cupcakes au gâteau au fromage (page 54) ou une variation décrite ci-dessous

Fruits frais

1. Faire cuire les Cupcakes au gâteau au fromage.

2. Recouvrir de fruits frais ou de garnitures au choix.

Variations

CUPCAKES AU GÂTEAU AU FROMAGE, À L'ÉRABLE ET AUX NOIX

Arroser les assiettes de sirop d'érable ou le verser sur les cupcakes, et recouvrir de noix.

CUPCAKES AU GÂTEAU AU FROMAGE ET AU CHOCOLAT

Verser du sirop au chocolat dans les assiettes ou sur les cupcakes, et recouvrir de pépites de chocolat.

CUPCAKES AU GÂTEAU AU FROMAGE ET AUX AGRUMES

Ajouter 30 ml (2 c. à soupe) de zeste d'agrumes (orange, citron ou lime) à la pâte avant de la faire cuire. Servir avec la Sauce à l'orange (page 100).

CUPCAKES AU GÂTEAU AU FROMAGE, AUX FRAMBOISES ET AU CHOCOLAT

Verser la Sauce aux framboises (page 100) sur les cupcakes ou dans les assiettes, et recouvrir de chocolat râpé.

CUPCAKES AU GÂTEAU AU FROMAGE, AUX PACANES ET AU CARAMEL

Verser la Sauce au caramel (page 95) dans les assiettes ou sur les cupcakes. Saupoudrer de pacanes et de chocolat.

CUPCAKES AU GÂTEAU AU FROMAGE, AU CHOCOLAT BLANC ET AUX FRAISES

Verser la Sauce aux fraises (page 101) dans l'assiette ou sur les cupcakes. Recouvrir de pépites de chocolat blanc.

Cupcakes au chocolat, aux amandes et aux framboises

Vous aurez besoin de :
1 recette de Cupcakes au chocolat et aux framboises (page 59)
1 recette de Glaçage au chocolat blanc et à la crème au beurre (page 94)
1 recette de Sauce aux framboises (page 100)
Amandes entières
Feuille d'or
Framboises

1. Étendre le glaçage épais sur les cupcakes.

2. Verser la Sauce aux framboises dans les assiettes ou sur les cupcakes.

3. Envelopper les amandes avec la feuille d'or. Si elle ne reste pas en place, recouvrir les amandes de glaçage pour les rendre collantes.

4. Garnir les cupcakes d'amandes dorées et de framboises.

Cupcakes Napoléon

Vous aurez besoin de :
1 recette de Cupcakes dorés (page 64)
Colorant alimentaire vert, rouge et jaune
1 recette de Sauce aux fraises (page 101)
1 recette de Glaçage riche en chocolat (page 90)
Noix hachées
Fraises
Morceaux de chocolat

1. Préparer la pâte des cupcakes. Diviser en 3 parties égales. Avec du colorant alimentaire, colorer 1 partie en vert, 1 en rouge et l'autre en jaune.

2. Remplir les caissettes en papier au tiers avec de la pâte rouge. Ajouter de la pâte jaune pour remplir aux deux tiers. Les étages du dessous seront ainsi faits.

3. Graisser et fariner un autre moule. Remplir les moules au tiers avec la pâte verte, puis ajouter de la pâte rouge pour remplir aux deux tiers. Ce seront les étages du dessus. Continuer à remplir les moules

et les caissettes en papier de cette façon, en alternant les couleurs. S'assurer d'utiliser une quantité égale de chaque couleur. Faire cuire et laisser refroidir.

4. Étendre de la Sauce aux fraises sur le dessus des cupcakes de l'étage du dessous.

5. Tourner à l'envers les cupcakes de l'étage du dessus et les déposer sur les cupcakes de l'étage du dessous.

6. Glacer les cupcakes.

7. Déposer les noix hachées sur le dessus.

8. Garnir de fraises et de chocolat.

Cupcakes tiramisu

Vous aurez besoin de :

1 recette de Cupcakes au Kahlúa (page 65)
1 recette de Crème tiramisu (page 103)
125 ml (½ tasse) de café fort
45 ml (3 c. à soupe) de Kahlúa
Poudre de cacao
Biscuits doigts de dame
Chocolat

Pochoir flocon de neige (voir page 29)

1. Préparer la pâte pour les cupcakes. Remplir les caissettes en papier à moitié avec la pâte et faire cuire. Lorsque la cuisson est terminée, faire des perforations sur le dessus des cupcakes avec une fourchette.

2. Combiner le café avec le Kahlúa. Verser sur les cupcakes.

3. Recouvrir les cupcakes de Crème au tiramisu.

4. Déposer le pochoir flocon de neige sur les cupcakes et saupoudrer la poudre de cacao.

5. Garnir de doigts de dame et de chocolat.

CUPCAKES POUR LES COCKTAILS

Ces cupcakes donnent un nouvel aspect aux saveurs des boissons populaires ; de plus, le Sirop au rhum donne un accent sucré que l'on ne peut obtenir avec les extraits ou les sirops sans alcool. Servez-les comme casse-croûte à des invités branchés qui papillonnent d'une fête à l'autre.

Cupcakes à la liqueur de chocolat

Vous pouvez personnaliser ces cupcakes en les trempant dans des liqueurs variées et en ajoutant différentes liqueurs au glaçage.

Vous aurez besoin de :

1 recette de Cupcakes au chocolat (page 58)
1 recette de Glaçage à la liqueur (page 87)
Liqueurs favorites
Boucles de chocolat (voir page 38)

Bonbons en chocolat en forme de bouteille, remplis de liqueur

1. Faire cuire les cupcakes et préparer le glaçage.
2. À l'aide d'une fourchette, percer des trous sur le dessus des cupcakes. Badigeonner avec la liqueur désirée. Glacer les cupcakes.
3. Recouvrir les cupcakes de Boucles de chocolat et de bonbons au chocolat en forme de bouteilles, remplis de liqueur.

Cupcakes au kahlúa et à la crème

Vous aurez besoin de :
1 recette de Cupcakes au Kahlúa (page 65)
1 recette de Glaçage au chocolat blanc et à la crème au beurre (page 94)
Kahlúa
Poudre de cacao
Grains d'expresso recouverts de chocolat
Formes découpées en chocolat (page 37)
Biscuits cylindriques

Poche à douille avec un embout pour écrire en gras

1. À l'aide d'une fourchette, perforer le dessus des cupcakes. Badigeonner avec du Kahlúa.

2. Remplir la poche à douille de glaçage. Tracer des lignes épaisses avec le glaçage.

3. Saupoudrer le cacao sur les cupcakes

4. Garnir de grains d'expresso recouverts de chocolat, de formes découpées en chocolat et de biscuits cylindriques.

Cupcakes au piña colada

Vous aurez besoin de :

1 recette de Cupcakes au piña colada (page 73)
1 recette de Glaçage à la noix de coco grillée et au fromage à la crème (page 92)
Sirop au rhum (page 100)
Noix de coco grillée (page 45)
Brochettes d'ananas et de cerises au marasquin (page 46)

1. À l'aide d'une fourchette, perforer le dessus des cupcakes. À l'aide d'une cuillère ou d'un pinceau, asperger avec du Sirop au rhum.

2. Glacer les cupcakes.

3. Verser la noix de coco dans un petit bol. Tremper les cupcakes fraîchement glacés.

4. Garnir de Brochettes d'ananas et de cerises au marasquin.

Cupcakes à la liqueur d'orange

Vous aurez besoin de :

1 recette de Cupcakes à l'orange (page 76)
1 recette de Glaçage relevé à l'orange (page 91)
Liqueur d'orange (Grand Marnier, Triple-Sec, curaçao)
Sucre coloré orange
Zeste d'agrumes confits (page 94)
Tranches d'oranges et cerises au marasquin (page 45)

1. À l'aide d'une fourchette, perforer le dessus des cupcakes. Badigeonner de liqueur d'orange.

Rangée du fond : Cupcake à la liqueur de chocolat, Cupcake au Kahlúa et à la crème, Cupcake au piña colada. Première rangée : Cupcake à la liqueur d'orange, Cupcake brise de mer, Cupcake au daïquiri aux fraises.

2. Glacer les cupcakes, et saupoudrer de sucre coloré orange et de Zeste d'agrumes confits.

3. Placer les Tranches d'oranges et cerises au marasquin sur les cupcakes.

Cupcakes brise de mer

Vous aurez besoin de :
1 recette de Cupcakes brise de mer (page 76)
1 recette de Sirop au rhum (page 100)
1 recette de Glaçage à la lime (page 87)
Sucre coloré vert
Canneberges (séchées ou fraîches)
Tranches de limes (page 45)
Zeste d'agrumes confits (page 94)

1. À l'aide d'une fourchette, perforer le dessus des cupcakes. Badigeonner de Sirop au rhum.

2. Glacer les cupcakes, et saupoudrer de sucre coloré vert.

3. Garnir de canneberges, de quartiers de lime et de Zeste d'agrumes confits.

Cupcakes au daïquiri aux fraises

Vous aurez besoin de :
1 recette de Cupcakes aux fraises et à la lime (page 78)
1 recette de Sirop au rhum (page 100)
1 recette de Glaçage aux fraises (page 91)
Colorant alimentaire rouge
Sucre coloré rouge
Fraises à la menthe (page 46)

1. À l'aide d'une fourchette, perforer le dessus des cupcakes. À l'aide d'un pinceau ou d'une cuillère, asperger les cupcakes de Sirop au rhum

2. Colorer le glaçage avec le colorant alimentaire rouge. Glacer les cupcakes, et saupoudrer de sucre coloré rouge.

3. Placer les fraises à la menthe sur le dessus des cupcakes.

CUPCAKES POUR LES FÊTES DE BUREAU/ PAUSES CAFÉ

On aime bien célébrer tout événement au bureau. Il est agréable de partager du bon temps à la pause café avec les collègues. Et les cupcakes sont parfaits pour ce genres de réception, car ils s'apportent bien, ils sont faciles à partager et ils ne salissent pas. Vous voudrez probablement les glacer sur place pour qu'ils aient une allure très fraîche.

Cupcakes moka au caramel

Vous aurez besoin de :
> *1 recette de Cupcakes moka (page 69)*
> *1 recette de Crème fouettée (page 93)*
> *1 recette de Sauce au caramel (page 95)*
> *Grains d'expresso recouverts de chocolat*
> *Boucles de chocolat (page 38)*

1. Recouvrir les cupcakes de Crème fouettée.
2. Verser la Sauce au caramel pour former un motif sur le dessus des cupcakes.
3. Saupoudrer des grains d'expresso recouverts de chocolat.
4. Garnir de Boucles de chocolat.

Cupcakes au café et à la crème

Vous aurez besoin de :
> *1 recette de Cupcakes au café (page 60)*
> *1 recette de Crème pâtissière (page 102)*
> *1 recette de Glaçage au café et au fromage à la crème (page 85)*
> *Sucre turbinado*
> *Grains de café expresso*
>
> *Poche avec une douille à bout assez large*

1. À l'aide d'une cuillère à pamplemousse, enlever un cône de 10 ml (2 c. à thé) de gâteau au centre de chaque cupcake. Réserver. À l'aide

d'une poche à douille ou d'une cuillère, remplir chaque ouverture de Crème pâtissière. Replacer les cônes de gâteau.

2. Placer le glaçage dans une poche à douille. Commencer par le périmètre et créer une spirale avec le glaçage jusqu'au centre.

3. Saupoudrer de sucre turbinado (il n'est que partiellement raffiné et jaunâtre).

4. Garnir avec les grains de café expresso.

Cupcakes aux noisettes et au café

Vous aurez besoin de :
Noisettes hachées
1 recette de Cupcakes aux noisettes et au café (page 60)
1 recette de Glaçage au café et au fromage à la crème (page 85)
Noisettes recouvertes de chocolat (page 38)

1. Verser les noisettes hachées dans un bol. Tremper les cupcakes.
2. Après avoir glacé les cupcakes, déposer 1 noisette recouverte de chocolat au centre de chacun.

Cupcakes aux grains de Java

Vous aurez besoin de :
1 recette de Cupcakes aux grains de Java (page 60)
1 recette de Glaçage moka (page 89)
1 recette de Sauce moka (page 99)
Formes découpées en chocolat (voir page 37)

1. Appliquer beaucoup de glaçage autour du périmètre des cupcakes refroidis. Laisser un espace réservoir au centre. Verser la Sauce moka dans ce réservoir.
2. Garnir de formes découpées en chocolat.

Cupcakes moka

Vous aurez besoin de :
1 recette de Cupcakes moka (page 69)
1 recette de Glaçage moka (page 89)
Chocolat râpé
Grains d'expresso recouverts de chocolat

Pochoir circulaire (voir Chapitre 9)

1. Déposer le pochoir délicatement sur le dessus des cupcakes glacés. Saupoudrer le chocolat râpé, puis enlever le pochoir.
2. Garnir de grains d'expresso recouverts de chocolat.

Cupcakes moka à la menthe poivrée

Vous aurez besoin de :

Bonbons à la menthe poivrée
Chocolat fondu
1 recette de Cupcakes moka à la menthe poivrée (page 69)
1 recette de Glaçage moka (page 89)

1. Tremper les bonbons à la menthe poivrée dans le chocolat fondu.
2. Recouvrir les cupcakes glacés avec des bonbons à la menthe poivrée recouverts de chocolat.

CUPCAKES POUR LES SOIRÉES TÉLÉ

Que vous regardiez du sport à la télévision ou des célébrités faire leur entrée sur le tapis rouge, les cupcakes à thème et la camaraderie vont de pair. Ces cupcakes peuvent également être servis pour célébrer un champion ou la victoire d'une de vos étoiles.

Cupcakes pour les oscars

Vous aurez besoin de :

1 recette de Cupcakes au maïs (page 61)
1 recette de Glaçage au beurre noisette (page 83)
Maïs soufflé
Beurre fondu
Étoiles en bonbon (tailles variées)

Colle blanche ou ruban gommé
Papier doré
Cure-dents

1. Glacer les cupcakes ; réserver du glaçage pour coller
2. Recouvrir les cupcakes de maïs soufflé ; utiliser le glaçage comme colle pour les empiler. À l'aide d'une cuillère, verser le beurre fondu sur le maïs soufflé.
3. Utiliser le glaçage pour coller les étoiles en bonbon au maïs soufflé.
4. Préparer les Oscars avec le papier doré et les coller sur un cure-dents. Placer les statues sur le dessus des amas de maïs soufflé.

Cupcakes pour les nuits devant la télévision

Vous aurez besoin de :

1 recette de Cupcakes aux brownies (page 52)
1 recette de votre glaçage favori
Minicoupes au beurre d'arachide
Bonbons roulés au chocolat
Pépites de chocolat blanc

Moule à minicupcakes

1. Faire cuire un nombre égal de minicupcakes et de cupcakes moyens ; laisser refroidir. Attacher les minicupcakes sur le dessus des cupcakes moyens avec du glaçage. Glacer les 2 étages.

2. Au centre de chaque cupcake, déposer 1 minicoupe au beurre d'arachide, développée.

3. Couper les bonbons roulés au chocolat en 2. Les placer debout, tout autour de la coupe de beurre d'arachide.

4. Utiliser le glaçage pour coller les pépites de chocolat blanc sur le dessus des morceaux de bonbons roulés au chocolat et sur les minicupcakes.

Cupcakes pour les Séries mondiales

Vous aurez besoin de :

1 recette de Cupcakes au chocolat et à la bière (page 55) ou de Cupcakes au chocolat (page 58)
1 recette de Glaçage à la vanille (page 92)
Réglisse rouge en lanières
Bonbons en forme de balles de baseball

Papier
Colle
Cure-dents

1. Couper la réglisse rouge en 2 longues lanières et en plusieurs petites lanières de 0,6 cm (¼ po). Assembler sur le cupcake pour simuler la couture d'une balle de baseball.

2. Préparer un drapeau : Dessiner le logo de l'équipe favorite sur un petit morceau de papier. Coller le bout du papier sur un cure-dents. Placer le drapeau sur le cupcake.

3. Recouvrir les cupcakes de balles de baseball et de gants en bonbons.

Dans le sens des aiguilles d'une montre, à partir du haut : Cupcake pour les Oscars, Cupcake pour les Séries mondiales, Cupcakes pour les nuits devant la télévision, Cupcake pour les Olympiques, Cupcake pour le Super Bowl.

Cupcakes pour les Olympiques

Vous aurez besoin de :

> 1 recette de Cupcakes au chocolat et à la bière (page 55) ou de vos cupcakes favoris
>
> 1 double recette de Glaçage à la vanille (page 92)
>
> Colorant alimentaire jaune
>
> Petits bonbons ronds colorés (bleus, noirs, rouges, jaunes et verts)
>
> Sucre coloré (bleu, noir, rouge, jaune et vert)
>
> Poche à douille à embout fin pour écrire

....
**Encore des cupcakes
pour les réceptions**

Cupcakes pour les réceptions de bridge et de poker

Faites cuire vos cupcakes favoris et préparez votre glaçage favori. Déposez des noix variées sur le dessus. Collez de petites cartes à jouer sur des cure-dents et placez-les sur les cupcakes.

Cupcakes pour les fêtes de bon voyage

Faites cuire vos cupcakes favoris et préparez votre glaçage favori. Pour faire des vagues dans le glaçage, référez-vous à la page 28; pour faire un ciel, référez-vous à la page 28. Pour dessiner une route, utilisez du glaçage noir avec des bonbons jaunes pour simuler la ligne centrale. Recouvrez avec un jouet qui rappelle le transport, ou bien un avion, un bateau ou une voiture en bonbon.

Cupcakes pour pendre la crémaillère

Construisez une maison selon la technique enseignée à la page 152. Décorez-la pour qu'elle ait l'air de votre maison neuve ou qu'elle ressemble aux maisons du voisinage.

1. Diviser le glaçage en 2 parties, 1 grosse et 1 petite. Colorer la petite partie avec du colorant alimentaire jaune. Glacer les cupcakes en blanc.

2. Remplir une poche à douille avec du glaçage jaune et dessiner les anneaux olympiques sur chaque cupcake. Si désiré, écrire l'année et le lieu des olympiques.

3. Saupoudrer les anneaux avec le sucre de la couleur des anneaux olympiques.

4. Placer les petits bonbons ronds de la couleur des olympiques autour des cupcakes.

Cupcakes pour le Super Bowl

Vous aurez besoin de :

1 recette de Cupcakes au chocolat et à la bière (page 55), de Cupcakes à la racinette (page 63) ou de Cupcakes au chocolat (page 58)

1 recette de Glaçage à la vanille (page 92)

Colorant alimentaire

Sucres colorés

Bonbons en forme de ballons de football

Cure-dents

1. Préparer le glaçage et le diviser en 2 bols. Avec du colorant alimentaire, colorer chaque partie de la couleur de votre équipe favorite.

2. Glacer le centre d'une couleur et le pourtour de l'autre.

3. Saupoudrer de sucre coloré de la couleur de votre équipe favorite.

4. Insérer des cure-dents dans les bonbons en forme de ballons de football.

5. Insérer dans les cupcakes.

Chapitre 6

Les fêtes

CUPCAKES POUR NOËL

Noël est beaucoup plus qu'une journée. C'est une saison qui est synonyme de cuisson au four et de préparatifs emballants. Les nombreuses rencontres nous offrent plein de possibilités pour faire cuire les joyeux cupcakes des Fêtes. Dégustez-les lorsque vous invitez des gens pour décorer le sapin de Noël, lors d'une rencontre familiale, ou tout simplement afin de laisser une friandise pour le père Noël.

Cupcakes au lait de poule

Vous aurez besoin de :

1 recette de Cupcakes au lait de poule (page 63)
1 recette de Crème fouettée à la cannelle (page 93)
1 recette de Sirop au rhum (page 100)
Cannelle moulue
Bâtons de cannelle
Bonbons à la cannelle
Arbres de Noël en bonbon

Dans le sens des aiguilles d'une montre à partir du haut : Cupcake maison de pain d'épice, Cupcake bonshommes de pain d'épice, Cupcake au lait de poule, Cupcake canne en sucre à la menthe poivrée. Sur la table : Cupcake du pôle Nord.

1. Badigeonner 15 à 30 ml (1 à 2 c. à soupe) de Sirop au rhum sur chaque cupcake.

2. Avec une cuillère, garnir de Crème fouettée à la cannelle.

3. Saupoudrer de cannelle moulue.

4. Garnir avec 1 bâton de cannelle et des bonbons à la cannelle. Pour faire les cenelles (baies de houx) : placer 2 petits arbres de Noël en bonbon près des bonbons à la cannelle.

Cupcakes maison de pain d'épice

Vous aurez besoin de :

1 recette de Cupcakes au pain d'épice (page 64)
1 recette de Glaçage au gingembre et au fromage à la crème (page 86)
Noix de coco râpée
Biscuits Graham
Bonbons des Fêtes (père Noël, menthe poivrée, bonbons à la cannelle, étoiles en bonbon, etc.)
Arbres de Noël en bonbon

1. Verser la noix de coco râpée dans un bol. Tremper les cupcakes glacés.

2. Pour construire une maison, utiliser des morceaux de biscuits Graham pour faire les 4 murs et le toit. Coller la maison avec du glaçage. Décorer l'extérieur de la maison avec des bonbons. Placer sur le cupcake.

3. Placer les arbres de Noël en bonbon et les autres bonbons autour de la maison.

Cupcakes bonshommes de pain d'épice

Vous aurez besoin de :

1 recette de Cupcakes au pain d'épice (page 64)
1 recette de Glaçage au gingembre et au fromage à la crème (page 86)
1 recette de Bonshommes de pain d'épice (page 98)
Jujubes
Bonbons des Fêtes

1. Attacher les Bonshommes de pain d'épice décorés aux Cupcakes au pain d'épice, debout ou couchés.

2. Décorer le périmètre des cupcakes avec des jujubes et des bonbons des Fêtes.

Cupcakes du pôle nord

Vous aurez besoin de :

1 recette de Cupcakes aux épices (page 77)
1 recette de Glaçage au fromage à la crème (page 86)
Bonshommes de neige en pâte d'amande (voir page 44)
Noix de coco en flocons
Cannes en sucre
Petits bonbons rouges

1. Verser la noix de coco en flocons dans un bol. Tremper les cupcakes glacés.

2. Coller les Bonshommes de neige en pâte d'amande aux cupcakes avec du glaçage.

3. Placer 1 canne en sucre sur chaque cupcake. Coller un petit bonbon rouge au bout à l'aide du glaçage.

Cupcakes canne en sucre à la menthe poivrée

Vous aurez besoin de :

1 recette de Cupcakes à la menthe poivrée (page 73)
1 recette de Glaçage à la menthe poivrée et au fromage à la crème (page 86)
Morceaux de chocolat blanc
Bonbons à la menthe poivrée, de tailles différentes

1. Recouvrir les cupcakes glacés avec des morceaux de chocolat blanc et des bonbons à la menthe poivrée, entiers et écrasés.

Qu'est-ce qui mérite plus d'être célébré que le début d'une nouvelle année? La veille du jour de l'An nous rappelle le passé, mais en même temps, elle est remplie d'espoir pour l'avenir. Commencez la nouvelle année avec ces Cupcakes au champagne et restez éveillé plus longtemps avec les Cupcakes moka de minuit.

Cupcakes au champagne

Vous aurez besoin de :

1 recette de Cupcakes au champagne (page 53)
1 recette de Glaçage au champagne et à la crème au beurre (page 84)
Champagne
Bonbons au chocolat en forme de bouteilles de champagne
Perles en bonbon argentées

1. Badigeonner le dessus de chaque cupcake déjà cuit avec 15 ml (1 c. à soupe) de champagne. Glacer les cupcakes.

2. Garnir avec les bonbons au chocolat en forme de bouteilles de champagne.

3. Décorer avec les perles argentées en guise de bulles de champagne.

Cupcakes moka de minuit

Vous aurez besoin de :

1 recette de Cupcakes moka (page 69)
1 recette de Glaçage à la vanille (page 92)
Colorant alimentaire
Grains d'expresso recouverts de chocolat
Barre de chocolat
Perles en bonbon

1. Diviser le glaçage en 2 parties. Avec du colorant alimentaire, colorer chacune d'une teinte différente.

2. Glacer le centre des cupcakes d'une couleur et le périmètre d'une autre.

Dans le sens des aiguilles d'une montre, d'en haut, à droite : Cupcake au champagne, Cupcake du premier bébé de l'année, Cupcake pour la nouvelle année, Cupcake moka de minuit. Au centre : Cupcake Times Square.

3. Placer 12 grains d'expresso recouverts de chocolat sur le cupcake, comme les chiffres sur une horloge.

4. À l'aide d'un couteau, tailler la barre de chocolat pour faire les aiguilles de l'horloge. Déposer sur les cupcakes, comme s'il était minuit. Placer 1 perle au centre, où les aiguilles se rencontrent.

Cupcakes du jour de l'An

Vous aurez besoin de :

1 recette de Cupcakes au champagne (page 53)
1 recette de Glaçage au champagne et à la crème au beurre (page 84)
Colorant alimentaire
Nonpareilles
Sucre coloré

Poche à douille avec un embout pour écrire

1. Diviser le glaçage dans 2 bols. Colorer chacun d'une couleur différente. Utiliser une partie pour glacer les cupcakes.

2. Mettre les nonpareilles dans un petit bol. Tremper le pourtour des cupcakes.

3. Saupoudrer le centre des cupcakes de sucre coloré.

4. Mettre l'autre couleur dans la poche à douille. Écrire l'année, et faire des points et des barres sur le périmètre avec du glaçage.

Cupcakes du premier bébé de l'année

Vous aurez besoin de :

Champagne
1 recette de Cupcakes au champagne (page 53)
1 recette de Glaçage au champagne et à la crème au beurre (page 84)
Sucre coloré
Tire au chocolat
Perles en bonbon

Papier blanc
Colle
Bébé en plastique

1. Badigeonner 15 ml (1 c. à soupe) de champagne sur le dessus de chaque cupcake. Glacer.

2. Saupoudrer de sucre coloré.

3. Enrouler en spirale la tire au chocolat sur chaque cupcake.

4. Écrire l'année sur un petit morceau de papier et le coller sur le bébé en plastique. Fabriquer un petit chapeau en forme de cône pour le bébé. Coller une perle sur la pointe du chapeau

5. Placer le premier bébé de l'année au centre de la spirale.

Cupcakes Times Square

Vous aurez besoin de :
1 recette de Cupcakes au champagne (page 53)
1 recette de Glaçage au champagne et à la crème au beurre (page 84)
Cristaux de sucre
Bonbons enveloppés ou balles en plastique
Bonbons variés

Brochettes de bambou
Ruban

1. Verser les cristaux de sucre dans un petit bol. Tremper les cupcakes glacés.

2. Écrire l'année sur le bonbon enveloppé ou sur une balle en plastique. Attacher la balle à une brochette en bambou enveloppée de ruban. Enfoncer dans le cupcake.

3. Déposer des bonbons variés sur les cupcakes.

CUPCAKES DE LA SAINT-VALENTIN

Le jour de la Saint-Valentin est un temps parfait pour montrer son appréciation à tous nos amis et à tous ceux qu'on aime. Témoignages de notre affection, ces délicieux cupcakes pour la Saint-Valentin sont des cadeaux parfaits pour les amoureux, les amis et les enfants. Avec autant de pouvoir de séduction qu'une boîte de chocolat, ces cupcakes faits maison viennent directement du cœur.

Cupcakes à la liqueur de cerise

Vous aurez besoin de :
1 recette de Cupcakes à la liqueur de cerise (page 55)
1 recette de Glaçage au chocolat noir (page 86)
Barre de chocolat râpée
Chocolats fourrés à la cerise
Petits cœurs en bonbon
Nonpareilles au chocolat

Facultatif :
Emballage en plastique pour cupcakes
Ruban

1. Râper la barre de chocolat dans un petit bol. Tremper le pourtour des cupcakes glacés.

2. Placer 1 chocolat fourré à la cerise au centre de chaque cupcake. Avec le glaçage, coller un cœur en bonbon sur chaque chocolat.

3. Entourer la base de chaque chocolat avec des nonpareilles au chocolat.

4. Déposer les cupcakes dans un contenant en plastique pour cupcakes. Les attacher avec une boucle en ruban et les offrir comme friandise pour la Saint-Valentin.

Cupcakes à la truffe avec roses

Vous aurez besoin de :
1 recette de Cupcakes au chocolat (page 58)
1 recette de Glaçage à l'eau de rose (page 90)
Truffes au chocolat
Sucres colorés rouge et rose
Roses en pâte d'amande (page 43)
Petits cœurs en bonbon

Cellophane rouge
Ruban

1. Avant la cuisson, enfoncer 1 truffe au chocolat dans la pâte des caissettes en papier. Faire cuire, laisser refroidir, et glacer.

Dans le sens des aiguilles d'une montre, à partir du haut : Cupcake à la truffe avec rose, Cupcake à la liqueur de cerise, Cupcake cœurs superposés, Cupcake aux fraises avec carte de la Saint-Valentin.

2. Saupoudrer les cupcakes de sucres colorés rouge et rose.

3. Déposer la rose en pâte d'amande sur les cupcakes

4. Envelopper les cupcakes dans la cellophane et les attacher avec du ruban. Les offrir de grand cœur aux amis.

Cupcakes cœurs superposés

Vous aurez besoin de :

1 recette de Cupcakes dorés (page 64)
1 recette de Glaçage à la vanille (page 92)
Colorant alimentaire rouge
Gros cœurs en bonbon
Moyens cœurs en bonbon
Petits cœurs en bonbon
Réglisse recouverte de bonbon (blanc)

1. Colorer le glaçage avec du colorant alimentaire rouge. Réserver quelques cuillérées à soupe de glaçage pour coller. Glacer les cupcakes.

2. Avec le glaçage, coller 1 gros cœur en bonbon dans le centre de chaque cupcake. Puis, coller 1 cœur en bonbon moyen sur le dessus et répéter avec 1 troisième cœur un peu plus petit.

4. Déposer des morceaux de réglisse recouverts de bonbons tout autour.

Cupcakes aux fraises avec cartes de la Saint-Valentin

Vous aurez besoin de :

1 recette de Cupcakes aux fraises (page 78)
1 recette de Glaçage aux fraises (page 91)
Bonbons au chocolat
Colorant alimentaire rouge
Bonbons aux fraises

Papier cartonné
Colle blanche ou ruban adhésif
Pailles recourbées

1. Avant la cuisson, enfoncer un bonbon au chocolat dans la pâte des caissettes en papier. Faire cuire et laisser refroidir.

2. Diviser le glaçage dans 2 petits bols. Colorer 1 partie seulement avec du colorant alimentaire d'un rouge vif.

3. Glacer le centre des cupcakes avec le glaçage non coloré et le pourtour avec le glaçage rouge vif.

4. Garnir les bords avec des bonbons aux fraises.

5. Faire la carte de la Saint-Valentin avec le papier cartonné. Utiliser la colle ou le ruban adhésif pour la coller sur les pailles. Enfoncer la carte au centre des cupcakes.

CUPCAKES POUR PÂQUES

Le matin de Pâques, il y a des lapins, des œufs, des bonbons et des fleurs à profusion — laissez-les vous inspirer. Préparez ces cupcakes avec des Cupcakes aux carottes à faible teneur en matière grasse ou des Cupcakes au citron — saveurs classiques pour ce jour de fête. Utilisez des bonbons de fête offerts durant cette période de l'année.

Cupcakes remplis d'œufs de Pâques

Vous aurez besoin de :
1 recette de Cupcakes aux carottes à faible teneur en matière grasse (page 67)
1 recette de Glaçage au fromage à la crème (page 86)
Colorant alimentaire vert
Sucre coloré vert
Bonbons haricots
Fleurs de gélatine

Petits œufs en plastique qui se divisent en 2

1. Colorer le glaçage avec du colorant alimentaire vert. Glacer les cupcakes.

2. Saupoudrer avec du sucre vert.

3. Remplir les œufs en plastique avec des bonbons haricots et les refermer pour une surprise, ou bien les laisser ouverts pour étaler les friandises. Attacher les œufs au centre des cupcakes.

4. Étaler les fleurs de gélatine autour des œufs.

Dans le sens contraire des aiguilles d'une montre, à partir du haut à gauche : Cupcake œufs en chocolat, Cupcake douzaine d'œufs, Cupcake fleuri au citron, Cupcake lapin au citron et à la guimauve, Cupcake aux carottes. Au centre : Cupcake rempli d'œufs de Pâques.

Cupcakes aux carottes

Vous aurez besoin de :

> *1 recette de Cupcakes aux carottes à faible teneur en matière grasse (page 67)*
> *1 recette de Glaçage au fromage à la crème (page 86)*
> *Noix hachées*
> *Carottes en pâte d'amande (voir page 42)*

1. Verser les noix hachées dans un petit bol. Tremper les cupcakes glacés.

2. Placer la carotte en pâte d'amande au centre de chaque cupcake.

Cupcakes œuf en chocolat

Vous aurez besoin de :

1 recette de Cupcakes au chocolat et aux carottes (page 56)
1 recette de Glaçage au chocolat (page 84)
1 recette de Garniture aux céréales de riz (page 100)
Nonpareilles
Gros œufs en chocolat
Fleurs en bonbon
Perles en bonbon
Gel de décoration coloré

1. Préparer le glaçage. En réserver un peu pour coller. Glacer les cupcakes.

2. À l'aide d'une cuillère, déposer la garniture aux céréales de riz sur chaque cupcake et en former un nid. Coller les perles au nid avec le glaçage.

3. Recouvrir chaque œuf au chocolat avec du glaçage. Verser les nonpareilles dans un bol et tremper les œufs glacés. Coller les perles et les fleurs en bonbon sur les œufs avec du glaçage. Placer chaque œuf dans le nid.

4. Si désiré, ajouter différents autres motifs sur les œufs avec le gel de décoration coloré. Faire des expériences avec différents motifs et garnitures en décorant les œufs au chocolat.

Cupcakes douzaine d'œufs

Vous aurez besoin de :

1 recette de Cupcakes aux carottes à faible teneur en matière grasse (page 62)
1 recette de Glaçage au fromage à la crème (page 86)
Colorant alimentaire vert
Noix de coco râpée verte (page 20)
Fleurs en bonbon
Œufs en bonbon

1. Colorer le glaçage avec le colorant alimentaire vert. En réserver un peu pour coller. Glacer les cupcakes.

2. Verser la noix de coco dans un petit bol. Tremper les cupcakes.

3. Parsemer le dessus de fleurs en bonbon.

4. À l'aide de glaçage, coller une douzaine d'œufs en bonbon sur le dessus de chaque cupcake.

Cupcakes fleuris au citron

Vous aurez besoin de :

1 recette de Cupcakes au citron (page 66)
1 recette de Glaçage au fromage à la crème (page 86)
Colorant alimentaire
Bonbons haricots
Fleurs en bonbon

1. Diviser le glaçage dans plusieurs bols. À l'aide de colorant alimentaire, colorer les glaçages aux couleurs pastel du printemps. Glacer les cupcakes en utilisant une couleur au centre et une autre pour le périmètre.

2. Placer 1 bonbon haricot au centre de chaque cupcake. Étaler des pétales autour du bonbon.

3. Parsemer les petites fleurs en bonbon autour du périmètre.

Cupcakes au citron et à la guimauve avec lapins

Vous aurez besoin de :

1 recette de Cupcakes au citron (page 66)
1 recette de Glaçage à la guimauve (page 89)
Lapins en guimauve
Réglisse verte en lanières

1. Placer les lapins en guimauve sur les cupcakes.

2. Couper les lanières de réglisse verte en petits morceaux, en guise de brins d'herbe. Placer la réglisse autour du lapin.

Oh, dites-moi, quels merveilleux cupcakes ! Les États-Uniens aiment fêter le 4 juillet en faisant des pique-niques, des fêtes de quartier et des barbecues. Est-ce qu'il y a un meilleur temps pour — vous l'aviez deviné — faire cuire des cupcakes ? Tout ce qui est coloré en rouge, en blanc et en bleu, ou comme une bannière étoilée, est de circonstance.

Cupcakes Paf-Pow-Kaboom

Vous aurez besoin de :
1 recette de Cupcakes aux fraises (page 78)
1 recette de Glaçage au fromage à la crème (page 86)
Lettres en bonbon
Bonbons ovales aux fruits rouges, blancs et bleus
Étoiles en bonbon
Sucre coloré

1. Saupoudrer les cupcakes glacés avec du sucre coloré.

2. Avec les lettres en bonbon, écrire votre mot explosif favori comme PAF, POW et KABOOM.

3. Disposer en rayons les bonbons ovales aux fruits à partir du mot explosif.

4. Utiliser le glaçage pour coller les étoiles en bonbon sur les bonbons ovales.

Cupcakes pour barbecues/pique-niques

Vous aurez besoin de :
1 recette de Cupcakes au chocolat (page 58)
1 recette de Glaçage à la vanille (page 92)
Noix de coco verte
Miniguimauves
Réglisse rouge
Bougies en forme de hamburger et de hot-dog

1. Réserver un peu de glaçage pour coller. Glacer les cupcakes.

2. Verser la noix de coco verte dans un bol et tremper les cupcakes pour faire l'herbe.

1 N.d.T. : Le 4 juillet représente le jour de l'Indépendance, fête nationale des États-Unis.

3. Couper la réglisse rouge de la même taille que les miniguimauves. Utiliser le glaçage pour les coller sur le cupcake en alternant les morceaux pour en faire une couverture de pique-nique rouge et blanche.

4. Coller les bougies sur la couverture de pique-nique.

NOTE : Si vous ne pouvez trouver de bougies en forme de hamburger ou de hot-dog, vous pouvez préparer un hamburger en utilisant 2 biscuits ronds, en étendant du glaçage au chocolat entre les deux et en saupoudrant des graines de sésame sur le dessus. Les hamburgers et les hot-dogs peuvent également être faits à partir de pâte d'amande.

Cupcakes aux bleuets, aux framboises et au fromage à la crème

Vous aurez besoin de :
1 recette de Cupcakes aux bleuets et aux framboises (page 52)
1 recette de Glaçage au fromage à la crème (page 86)
Colorant alimentaire rouge et bleu, facultatif
Bleuets
Framboises
Étoiles en bonbon

1. Diviser le glaçage dans 3 bols. Écraser les bleuets dans 1 partie pour qu'elle soit bleue, les framboises dans 1 autre partie pour la colorer en rouge. Laisser la troisième partie blanche. Pour obtenir des couleurs plus vives, ajouter quelques gouttes de colorant alimentaire rouge et bleu.

2. Glacer les cupcakes avec 3 couleurs en un motif de cible.

3. Recouvrir de bleuets, de framboises et d'étoiles en bonbon.

Cupcakes feux d'artifice

Vous aurez besoin de :
1 recette de Cupcakes blancs (page 81)
1 recette de Glaçage à la vanille (page 92)
Colorant alimentaire rouge et bleu
Sucre d'orge pétillant
Lettres en bonbon
Étoiles en bonbon

Cure-dents pour fête

Dans le sens des aiguilles d'une montre, à partir du haut : Cupcake drapeau, Cupcake aux bleuets, aux framboises et au fromage à la crème, Cupcake Paf-Pow-Kaboom, Cupcake pour barbecues/pique-niques, Cupcake rouge, blanc et bleu. Sur la serviette : Cupcake feux d'artifice.

1. Diviser la pâte pour cupcakes en 3. Colorer 1 partie en rouge, 1 autre en bleu et laisser la troisième blanche.

2. Verser quelques cuillérées de chaque couleur dans les caissettes en papier et les remplir aux deux tiers. À l'aide d'un couteau, faire des tourbillons pour marbrer les couleurs. Faire cuire, laisser refroidir, et glacer.

3. Parsemer du sucre d'orge pétillant sur les cupcakes.

4. Placer les lettres en bonbon *USA* au centre des cupcakes.

5. Déposer les étoiles en bonbon autour du périmètre.

6. Décorer avec les cure-dents pour fête en guise de feux d'artifice.

Cupcakes drapeau

Vous aurez besoin de :
1 recette de Cupcakes blancs (page 81)
1 recette de Glaçage à la guimauve (page 89)
250 ml (1 tasse) de bonbons mous rouges et bleus, hachés, plus pour décorer
250 ml (1 tasse) de miniguimauves, coupées en morceaux, plus pour décorer
Bonbons en étoile
Sucre coloré

Petits drapeaux

1. Mélanger les bonbons rouges et bleus avec la guimauve dans la pâte des caissettes en papier. Faire cuire, laisser refroidir, et glacer les cupcakes.

2. Empiler un peu plus de miniguimauves sur le dessus des cupcakes glacés. Enfoncer un petit drapeau dans le centre.

3. Couper plus de bonbons rouges et bleus en morceaux. Utiliser le glaçage pour coller sur les guimauves des bonbons rouges et bleus, des étoiles en bonbon et du sucre coloré.

Cupcakes rouge, blanc et bleu

Vous aurez besoin de :
1 recette de Cupcakes blancs (page 81)
Colorant alimentaire rouge et bleu
1 recette de Glaçage à la vanille (page 92)
Sucre coloré bleu
Étoiles en bonbon
Paillettes blanches et de couleur

1. Préparer la pâte à cupcakes. La diviser en 3. À l'aide du colorant alimentaire, colorer 1 partie rouge et 1 autre partie bleue. Laisser la troisième partie blanche.

2. Remplir les caissettes en papier au quart avec la pâte rouge. Recouvrir de pâte blanche jusqu'à la moitié. Enfin, recouvrir de pâte bleue jusqu'aux trois quarts. Faire cuire et laisser refroidir.

3. Colorer le glaçage bleu foncé avec du colorant alimentaire. Glacer les cupcakes.

4. Saupoudrer les cupcakes de sucre bleu pour en faire scintiller le ciel nocturne. Accrocher des étoiles en déposant des étoiles en bonbon. Disposer des paillettes blanches en rayon autour des étoiles, comme si elles explosaient. Former un amas de paillettes colorées pour simuler des feux d'artifice.

CUPCAKES POUR L'HALLOWEN

Il n'y a jamais trop de friandises à l'Halloween. Faites des lanternes-citrouilles souriantes en cupcakes !

Cupcakes au caramel et aux pommes

Vous aurez besoin de :

1 recette de Cupcakes au caramel et aux pommes (page 53)
1 recette de Glaçage au gingembre et au fromage à la crème (page 86)
1 recette de Sauce au caramel (page 94)
Pommes séchées, coupées en morceaux
Caramels

1. Étendre beaucoup de glaçage sur les cupcakes. Faire un puits dans le glaçage à l'aide d'une cuillère pour retenir la Sauce au caramel. À l'aide d'une cuillère, verser de la sauce dans le puits.

2. Du centre des cupcakes, disposer en rayons les morceaux de pommes séchées.

3. Placer 1 caramel au centre.

Cupcakes citrouille-lanterne

Vous aurez besoin de :

1 recette de Cupcakes à la citrouille (page 74)
1 recette de Glaçage au chocolat (page 84)
1 recette de Glaçage à la vanille (page 92)
Colorant alimentaire orange
Gel à colorer noir
Sucre coloré orange

1. Colorer le glaçage à la vanille avec le colorant alimentaire orange. Colorer le glaçage au chocolat avec le gel à colorer noir.

2. Glacer les cupcakes refroidis avec du glaçage orange.

3. Saupoudrer du sucre coloré orange.

4. À l'aide d'un couteau, dessiner des visages de citrouilles illuminées avec le glaçage noir. Nettoyer les contours avec un cure-dent. Faire un visage différent sur chaque cupcake.

Cupcakes à la guimauve avec fantômes

Vous aurez besoin de :

1 recette de Cupcakes blancs (page 81)
1 recette de Glaçage à la guimauve (page 89)
Miniguimauves
Paillettes noires
Fantômes en guimauve
Chauve-souris en bonbon

1. Remplir les caissettes en papier aux trois quarts avec la pâte. Enfoncer quelques miniguimauves dans la pâte. Faire cuire, laisser refroidir, et glacer.

2. Verser les paillettes noires dans un petit bol. Rouler les pourtours des cupcakes.

3. Placer 1 fantôme en guimauve dans le centre. Ajouter des miniguimauves sur le périmètre. Utiliser du glaçage pour coller les chauves-souris en bonbon sur les miniguimauves.

Dans le sens des aiguilles d'une montre, à partir du haut : Cupcake au caramel et aux pommes, Cupcake maison hantée, Cupcake citrouille, Cupcake squelette, Cupcake à la guimauve avec fantôme. Au centre : Cupcake garni de citrouilles.

Cupcakes garnis de citrouilles

Vous aurez besoin de :
1 recette de Cupcakes à la citrouille (page 74)
1 recette de Glaçage à l'érable et au fromage à la crème (page 86)
Colorant alimentaire vert
Sucre coloré vert
Citrouilles en bonbon
Perles en bonbon orange

1. Colorer le glaçage avec du colorant alimentaire vert. Glacer les cupcakes refroidis.
2. Saupoudrer le sucre vert sur les cupcakes.
3. Recouvrir de citrouilles en bonbon et de perles orange.

Cupcakes squelette

Vous aurez besoin de :
1 recette de Cupcakes au chocolat (page 58)
1 recette de Glaçage au chocolat (page 84)
Gel à colorer noir
Nonpareilles orange
Squelettes en bonbon acidulé
Fleurs en bonbon orange

1. Colorer le glaçage noir avec le gel à colorer. Glacer les cupcakes.
2. Verser les nonpareilles dans un petit bol. Rouler le pourtour des cupcakes.
3. Placer les bonbons acidulés sur les cupcakes pour former les squelettes.
4. Remplir le reste de l'espace de fleurs en bonbon.

Cupcakes maison hantée

Vous aurez besoin de :
1 recette de vos cupcakes favoris
1 recette de Glaçage à la vanille (page 92)

Colorant alimentaire vert
Gel à colorer noir
Sucre coloré
Caramels
Biscuits Graham ou gaufrettes coupés en morceaux de 2,5 x 2,5 cm (1 x 1 po)
Petits bonbons de formes variées
Réglisse noire en lanières
Bonbons en forme de grain de maïs

Cure-dents ou bonbons
Marqueurs comestibles
Chauve-souris en bonbon

1. Réserver un peu de glaçage pour coller. Diviser le reste dans 2 petits bols. Colorer 1 partie avec le gel noir et l'autre avec du colorant vert.

2. Glacer les cupcakes en vert pour faire l'herbe. Saupoudrer de sucre coloré. Dessiner le trottoir avec des lanières de réglisse noire.

3. Écrire CI-GÎT sur les cure-dents pour créer des pierres tombales et les enfoncer dans l'herbe. La méthode comestible consiste à écrire CI-GÎT sur des petits bonbons avec un marqueur comestible et de les déposer sur l'herbe.

4. Pour faire la maison : Utiliser du glaçage pour coller 1 caramel sur le cupcake. Assembler 2 biscuits ou bonbons carrés en une forme pointue avec du glaçage noir. Attacher le toit au caramel. Couvrir de glaçage. Attacher des petits morceaux de bonbons sur le caramel en guise de porte et de fenêtres.

5. Entourer la maison de bonbons en forme de grain de maïs. Avec du glaçage, coller des chauves-souris en bonbon.

CUPCAKES POUR L'ACTION DE GRÂCES

Pour plusieurs États-Uniens, l'Action de grâces est la fête la plus anticipée. C'est un temps de réflexion et de rencontres avec famille et amis. Voici une variété de recettes de cupcakes, inspirés des saveurs et des images de la saison, qui rencontreront les différents goûts de vos invités. Célébrez votre générosité en préparant des cupcakes pour vos organisations locales de charité, les banques alimentaires ou les refuges pour sans-abri.

Dans le sens des aiguilles d'une montre, à partir du haut : Cupcake à l'érable avec feuilles d'automne, Cupcake aux canneberges avec dinde, Cupcake à la citrouille. Sur la serviette : Cupcake à la tarte aux pacanes.

Cupcakes à l'érable avec feuilles d'automne

Vous aurez besoin de :

1 recette de Cupcakes à l'érable et aux noix (page 68)
1 recette de Glaçage à l'érable et au fromage à la crème (page 86)
Sirop d'érable
Noix, coupées en 2
Feuilles en bonbon

1. Faire cuire les cupcakes et les laisser refroidir. Glacer généreusement. À l'aide d'une cuillère, faire un puits dans le centre de chaque cupcake. Verser 15 ml (1 c. à soupe) de sirop d'érable
2. Disposer les demi-noix autour du sirop d'érable.
3. Saupoudrer de feuilles en bonbon.

Cupcakes à la tarte aux pacanes

Vous aurez besoin de :

1 recette de Cupcakes à la tarte aux pacanes (page 72)
Moitiés de pacanes recouvertes de chocolat (page 38)

1. Faire cuire les cupcakes, puis les laisser refroidir.
2. Garnir les cupcakes de demi-pacanes recouvertes de chocolat.

Cupcakes à la citrouille

Vous aurez besoin de :

1 recette de Cupcakes à la citrouille (page 74)
1 recette de Crème fouettée à la cannelle (page 93)
Colorant alimentaire orange
Citrouilles en pâte d'amande (page 42)

1. Faire cuire les cupcakes, laisser refroidir, et glacer.
2. Colorer la Crème fouettée à la cannelle avec le colorant alimentaire orange. À l'aide d'une cuillère, en déposer sur les cupcakes. Recouvrir de citrouilles en pâte d'amande.

Cupcakes aux canneberges avec dinde

Vous aurez besoin de :

1 recette de Cupcakes aux canneberges (page 52)
1 recette de Glaçage au chocolat noir (page 86)
Biscuits Graham, écrasés
Canneberges séchées
Dinde en pâte d'amande (page 44)

1. Verser les biscuits écrasés dans un petit bol. Tremper les cupcakes.

2. Placer la dinde en pâte d'amande dans le centre.

3. Décorer avec des canneberges séchées tout autour.

Que vous apparteniez à ces différents groupes culturels ou que vous appreniez à connaître et célébrer d'autres cultures, ces cupcakes vous aideront à bien commencer. Même si les recettes pour Hanoukka et la Pâque juive ne sont pas casher, elles sont tout de même une façon succulente de célébrer la culture juive.

Cupcakes pour le Nouvel An chinois

Le Nouvel An chinois est célébré en famille pendant 15 jours, et c'est un temps de réunion et d'action de grâce. La célébration comprend une cérémonie religieuse honorant le Ciel et la Terre, et les ancêtres familiaux. Traditionnellement, on mange des gâteaux de lune lors du Nouvel An chinois, car il est basé sur le calendrier lunaire. Ces cupcakes de lune sont décorés avec des croissants de lune. Une autre solution est de déposer sur chaque cupcake un biscuit chinois.

Vous aurez besoin de :
1 recette de Cupcakes dorés (page 64)
1 recette de Glaçage à la vanille (page 92)
Colorant alimentaire bleu
Étoiles en bonbon

Poche à douille avec un embout pour écrire
Colle
Cure-dents
Images d'animaux de l'horoscope chinois (dragon, lapin, buffle, etc.)

1. Faire cuire et laisser refroidir les cupcakes. Diviser le glaçage en 2 parties ; laisser 1 partie blanche et colorer l'autre bleu foncé.

2. Réserver un peu de glaçage blanc pour écrire l'année. À l'aide d'un petit couteau, faire un croissant de lune sur chaque cupcake avec du glaçage blanc. Utiliser du glaçage bleu pour faire un ciel nocturne.

3. Remplir une poche à douille de glaçage blanc et écrire l'année dans le ciel bleu.

4. Placer les étoiles en bonbon dans le ciel.

5. Coller les images d'animaux de l'horoscope chinois, selon l'année, sur les cure-dents. Placer sur les cupcakes.

Dans le sens des aiguilles d'une montre, à partir du haut, à gauche : Cupcake pour la Saint-Patrick, Cupcake pour le Nouvel An chinois, Cupcake pour Mardi gras, Cupcake pour Cinco de Mayo. Au centre : Cupcake pour la Pâque juive.

Cupcakes pour Cinco de Mayo

Cinco de mayo, le cinquième jour de mai, commémore la victoire des Mexicains sur l'armée française lors de la bataille de Puebla en 1862. C'est une fête que l'on célèbre dans le Sud-Ouest américain. Le *tres leches* (« gâteau aux trois laits ») est devenu un dessert très populaire au Mexique et un dessert spécial lors des fêtes. Dégustez cette simple version lors de votre prochaine fiesta.

Vous aurez besoin de :
1 recette de Cupcakes tres leches (page 79)
1 recette de Crème fouettée (page 93)
Sucre coloré rouge et vert
Feuilles de menthe
Fraises

Petits drapeaux mexicains

1. Faire cuire et laisser refroidir les cupcakes. Glacer avec la Crème fouettée, puis saupoudrer la moitié du dessus de sucre vert et l'autre moitié de sucre rouge.

2. Placer les feuilles de menthe et la fraise au centre de chaque cupcake.

3. Garnir avec un drapeau.

Cupcakes pour Hanoukka

Hanoukka, connue également comme Fête des Lumières, commémore la victoire des Juifs sur les Syriens hellénistiques en l'an 165 av. J.-C. Hanoukka est célébrée pendant 8 jours, normalement en décembre. Les Juifs allument la menorah en utilisant le shamus (la plus longue bougie au centre) pour allumer une bougie chaque soir, et ce, pendant 8 jours. Ce menorah en cupcakes est une belle façon de célébrer le dernier jour de Hanoukka.

Vous aurez besoin de :
1 recette de Cupcakes aux pépites de chocolat et à la cannelle (page 56)
1 recette de Glaçage à la vanille (page 92)
Sucre bleu

Bonbons de Hanoukka ou jouets dreidels
Bougies

1. Faire un cupcake à 2 étages en guise de shamus : renverser 1 cupcake et le placer sur 1 autre cupcake en utilisant du glaçage en guise de colle. Glacer le cupcake. Placer le sucre bleu dans une assiette. Rouler les côtés du cupcake.

2. Glacer 8 cupcakes réguliers. Tremper les côtés des cupcakes dans le sucre.

3. Placer 1 bougie, et 1 bonbon de Hanoukka ou 1 dreidel au centre de chaque cupcake.

4. Disposer 9 cupcakes sur un plateau, en forme de menorah, avec le shamus au centre.

Cupcakes pour Mardi gras

Personne ne connaît l'origine du Mardi gras, mais plusieurs pensent que les racines sont liées à une fête romaine païenne célébrant le début du printemps. Le Mardi gras s'est transformé en une fête catholique qui est reliée au carême et à Pâques. Aussi connu sous le nom de Carnaval, il est célébré dans le monde entier, mais plus particulièrement à la Nouvelle-Orléans, aux États-Unis.

La galette des Rois est une pâtisserie traditionnelle du Mardi gras. La personne qui trouve le « bébé » caché dans son cupcake doit préparer les cupcakes l'année suivante.

Vous aurez besoin de :
1 recette de Cupcakes dorés (page 64)
1 recette de Glaçage à la vanille (page 92)
1 caramel
Colorant alimentaire violet, vert, jaune et orange
Sucre coloré violet, vert et doré
Perles en bonbon violettes, vertes et dorées

1. Avant la cuisson, placer le caramel dans une des caissettes en papier. Faire cuire et laisser refroidir les cupcakes.

2. Diviser le glaçage en 3 parties. Avec du colorant alimentaire, colorer 1 partie en violet, qui représente la justice, 1 partie en vert, qui représente la foi, et 1 autre en doré, qui représente le pouvoir. Glacer les cupcakes en motif de spirales.

3. Saupoudrer du sucre coloré sur les cupcakes.

4. Mettre des perles en bonbon de la même couleur que les spirales.

Cupcakes pour la Pâque juive

Durant les jours précédant la Pâque juive, les Juifs ne gardent rien qui contienne de la levure dans leur maison et n'en mangent pas non plus. Aujourd'hui, les macarons sans levure sont un dessert populaire pour la Pâque juive. Essayez ces cupcakes aux macarons au chocolat pour votre célébration.

Vous aurez besoin de :

1 recette de Cupcakes aux macarons au chocolat (page 59)
1 recette de Glaçage aux macarons au chocolat (page 85)
Noix de coco grillée
Étoile à 6 pointes (ou étoile de David) en bonbon
Pépites de chocolat

1. Faire cuire, laisser refroidir, et glacer les cupcakes. Saupoudrer de la noix de coco grillée sur les cupcakes.
2. Placer l'étoile à 6 pointes en bonbon dans le centre et des pépites de chocolat inversées sur le pourtour du cupcake.

Cupcakes pour la Saint-Patrick

La Saint-Patrick se fête avec des trèfles, des lutins, des pots d'or et des parades, en portant des vêtements verts et en buvant de la bière. Je préfère la liqueur à la crème irlandaise ; c'est pour cette raison que j'ai inventé ces cupcakes. Si vous préférez la bière, utilisez la recette Cupcakes à la bière et au chocolat (page 55)

Vous aurez besoin de :

1 recette de Cupcakes à la boisson irlandaise à la crème (page 65)
1 recette de Garniture à la boisson irlandaise à la crème (page 102)
1 recette de Glaçage à la boisson irlandaise à la crème (page 86)
1 recette de Glaçage au fudge (page 87)
Boisson irlandaise à la crème

Petites tasses irlandaises
Autocollants de la Saint-Patrick
Cure-dents

1. Faire cuire et laisser refroidir les cupcakes. À l'aide d'une cuillère à pamplemousse, retirer 10 ml (2 c. à thé) du centre des cupcakes. Réserver le gâteau retiré. Remplir la cavité avec de la garniture. Remettre le gâteau.

2. Glacer les cupcakes avec un glaçage pour le centre et l'autre pour le pourtour.

3. Placer une petite tasse sur chaque cupcake. Remplir la tasse de boisson irlandaise à la crème.

4. Coller les autocollants de la Saint-Patrick sur des cure-dents et les enfoncer dans les cupcakes.

Chapitre 7

Événements et occasions

CUPCAKES POUR LES ANNIVERSAIRES

À une réception d'anniversaire, nous célébrons la fête de l'invité d'honneur. Des cupcakes qui ont comme thème des passe-temps favoris, des sujets, des personnages et des couleurs sont parfaits pour une réunion à la maison ou pour partager avec les amis à l'école. Pour les grands et les petits, ces cupcakes donneront aux jeunes de cœur l'envie de célébrer.

Cupcakes à thème pour les anniversaires

Vous aurez besoin de :

> *1 recette des cupcakes favoris de la/du fêté*
> *1 recette du glaçage favori de la/du fêté*
> *Paillettes de couleur*
>
> *Autocollants, jouets et images sur le thème de la fête*
> *Colle blanche*
> *Cure-dents*
> *Bougies de fête*

1. Faire cuire, laisser refroidir, et glacer les cupcakes. Décorer avec des paillettes de couleur.

2. Utiliser le glaçage pour coller les jouets à thème et les bougies sur le dessus des cupcakes en un motif ludique.

3. Coller les autocollants ou les images sur les cure-dents. Placer des bonbons au sommet des cure-dents. Enfoncer les cure-dents dans les cupcakes.

4. Placer 1 bougie d'anniversaire sur chaque cupcake.

Cupcakes avec bougies

Vous aurez besoin de :

1 recette des cupcakes favoris de la/du fêté
1 recette de Glaçage à la vanille (page 92)
Colorant alimentaire
Bonbons moulés maison (page 37)

Bougies

1. Faire cuire et laisser refroidir les cupcakes. Diviser le glaçage dans 2 bols. Si désiré, colorer les 2 parties du glaçage des couleurs préférées de la/du fêté, en glaçant le centre du cupcake d'une couleur et le pourtour d'une autre.

2. Placer le nombre de bougies selon l'âge de l'enfant, ou 1 bougie seulement.

3. Placer les bonbons maison dans l'espace restant.

Cupcakes bon anniversaire

Vous aurez besoin de :

1 recette des cupcakes favoris de la/du fêté
1 recette du glaçage favori
1 recette de Glaçage royal (page 91)
1 recette de Biscuits célébration (page 95)
Colorant alimentaire
Nonpareilles
Bonbons, noix et hors-d'œuvre

Emporte-pièces en forme de lettres pour biscuits
Assiette
Poche à douille avec un embout pour écrire

Sur le présentoir à gâteaux : Rangée du fond, de gauche à droite : Cupcakes à thème pour les anniversaires ; Première rangée, de gauche à droite : Cupcake cadeaux, Cupcake à pois. Sur les assiettes, de gauche à droite : Cupcake avec biscuits indiquant l'âge, Cupcake avec bougie.

Cupcakes vœux d'anniversaire

Une célébration d'anniversaire n'est pas complète sans cupcakes, bougies et vœux. Vous êtes-vous déjà demandé ce que souhaitent les gens lorsqu'ils ferment les yeux ? Les Cupcakes vœux d'anniversaire sont inspirés par les vœux les plus populaires : amour, chance, paix, argent, succès, amitié. Pensez à votre souhait et préparez les cupcakes en conséquence. Ou bien dessinez un gros point d'interrogation sur le cupcake et laissez les gens deviner.

Vous aurez besoin de :
1 recette des cupcakes favoris
1 recette d'un glaçage favori
1 recette de Glaçage royal
    (page 91)
Colorant alimentaire
Sucre coloré
Bonbons (voir étape 3)

Bougies
Poche à douille avec embout
    pour écrire

1. Faire cuire vos cupcakes favoris et préparer le Glaçage royal. Diviser le glaçage en 3 parties et colorer chaque partie d'une couleur différente. Glacer les cupcakes d'une couleur au centre et d'une autre couleur sur le pourtour.

2. Saupoudrer les cupcakes de sucre coloré.

1. Préparer la pâte pour les Biscuits célébration. Préparer les lettres BONNE FÊTE et le nom du fêté en biscuits. Faire cuire et laisser refroidir. Glacer et créer des motifs avec la poche à douille.

2. Glacer les cupcakes. Verser les nonpareilles dans un petit bol. Rouler le pourtour des cupcakes dans les nonpareilles.

3. Un à un, placer les biscuits sur les cupcakes pour écrire BONNE FÊTE et le nom.

4. S'il reste des cupcakes, les décorer avec des bonbons et des noix. Bien les disposer dans l'assiette. Déposer les bonbons, les noix et les hors-d'œuvre dans l'assiette, autour des cupcakes.

Cupcakes avec biscuits indiquant l'âge

Vous aurez besoin de :
1 recette des cupcakes favoris de la/du fêté
1 recette de Glaçage à la vanille (page 92)
1 recette de Biscuits célébration (page 95)
Colorant alimentaire
Petites bougies
Sucre coloré
Bonbons au caramel
Nonpareilles

Emporte-pièces en forme de chiffres
Lanières de réglisse

1. Préparer la pâte des Biscuits célébration. À l'aide d'emporte-pièces ou d'un couteau, couper le ou les chiffres de l'âge de la/du fêté. Faire cuire et laisser refroidir.

2. Diviser le glaçage en 2 bols. Colorer le glaçage aux couleurs préférées de la/du fêté. Glacer le centre des cupcakes d'une couleur et le pourtour de l'autre. Saupoudrer de sucre coloré.

3. Glacer les biscuits. Puis, y attacher de petites bougies.

4. Utiliser le glaçage pour coller les chiffres en biscuits dans le centre des cupcakes.

5. À l'aide d'un couteau, glacer les caramels et attacher les nonpareilles ou les petits bonbons pour qu'ils ressemblent à des cadeaux. Faire 1 boucle pour chaque cadeau avec 1 lanière de réglisse. Placer sur les cupcakes.

6. Placer 1 bougie sur chaque cupcake.

3. Placer le troisième glaçage dans la poche à douille.

- Cupcakes de la paix : Dessiner les lignes du signe de la paix.
- Cupcakes de l'amour : Dessiner 1 cœur et écrire le mot AMOUR sur le cup-cake. Attacher des bonbons en forme de cœur.
- Cupcakes de la chance : Créer 1 trèfle à quatre feuilles en dessinant 4 cœurs qui se rencontrent au centre. Ajouter 1 tige.
- Cupcakes de l'amitié : Placer 2 bonbons ronds sur le cupcake pour simuler 2 têtes. Attacher de petits bonbons ou créer des visages souriants avec un marqueur comestible. Écrire le mot AMITIÉ.
- Cupcakes de l'argent : Dessiner le symbole du dollar. Recouvrir de mon-naie en bonbon.
- Cupcakes du succès : Placer 1 grosse étoile en bonbon dans le centre et plusieurs petites étoiles en bonbon tout autour. Écrivez le mot SUCCÈS.

4. Placer 1 bougie sur chaque cupcake. L'allumer, et la souffler pour faire un vœu.

Cupcakes à pois

Vous aurez besoin de :
1 recette des cupcakes favoris de la/du fêté
1 recette de Glaçage à la vanille (page 92)
Colorant alimentaire
Sucre coloré
Bonbons circulaires, petits, moyens et grands

Bougies

1. Faire cuire et laisser refroidir les cupcakes. Diviser le glaçage dans des petits bols et le colorer des couleurs favorites de la/du fêté. Glacer les cupcakes.

2. Saupoudrer les cupcakes de sucre coloré.

3. Utiliser le glaçage comme colle et empiler les bonbons circu-laires, quelques-uns en 2 étages, d'autres en 3 étages pour former un motif à pois. Placer sur les cupcakes.

Cupcakes cadeaux

Vous aurez besoin de :
1 recette des cupcakes favoris de la/du fêté
1 double recette de Glaçage à la vanille (page 92)
Colorant alimentaire
Bonbons

Poche à douille avec embout pour écrire
Moule à gâteau de 20 ou 23 cm (8 ou 9 po)
Lanières de réglisse
Bougie

1. Faire cuire la moitié de la pâte des cupcakes dans les caissettes en papier et l'autre moitié dans un moule à gâteau carré ; laisser refroidir.

2. Couper le gâteau carré en un nombre égal de petits et moyens carrés. Couper les carrés moyens un peu plus petits que le diamètre des cupcakes ronds, et couper les petits carrés un peu plus petits que les carrés moyens. Faire le même nombre de carrés de chaque taille que de cupcakes.

3. Préparer le glaçage et le diviser en 3 bols. Avec les colorants alimentaires, colorer chaque partie aux couleurs favorites de la/du fêté. Réserver un peu de glaçage pour décorer à la douille.

4. Glacer les cupcakes ronds d'une couleur.

5. Placer 1 carré moyen sur le dessus d'un cupcake rond. Glacer d'une autre couleur. Décorer les côtés avec des bonbons et dessiner un motif à la douille.

6. Placer 1 petit carré sur le dessus du carré moyen. Glacer avec la troisième couleur.

7. Appliquer la réglisse en guise de ruban sur les cadeaux carrés et faire une boucle sur le dessus.

8. Placer 1 bougie au centre.

CUPCAKES BÉBÉ

L'arrivée de nouveau-nés est une excellente occasion de réjouissances. Servez des cupcakes lors des réception-cadeaux, des baptêmes ou de la prochaine fête du bébé. Vous pouvez aussi les faire cuire pour les offrir aux nouveaux parents ainsi qu'aux grands frères et grandes sœurs pour célébrer la naissance du bébé.

Cupcakes bébé

Vous aurez besoin de :

1 recette de vos cupcakes favoris
1 recette de Glaçage à la vanille (page 92)
Colorant alimentaire

Poche à douille avec embout pour écrire
Minibouteilles pour bébés remplies de bonbons ou autres décorations pour bébés

1. Faire cuire et laisser refroidir les cupcakes. Diviser le glaçage en 2 bols, un grand et un petit, et les colorer de 2 différentes couleurs à l'aide du colorant alimentaire. Glacer les cupcakes avec le glaçage contenu dans le grand bol.

2. Placer le second glaçage dans la poche à douille et dessiner 1 spirale sur le dessus de chaque cupcake.

3. Déposer des minibouteilles pour bébé sur le dessus de chaque cupcake.

Cupcake c'est un garçon/c'est une fille

Vous aurez besoin de :
1 recette de vos cupcakes favoris
1 recette de Glaçage à la vanille (page 92)
Colorant alimentaire
Petites boules en bonbon

Petite poupée jouet
Sucette avec bannière BIENVENUE BÉBÉ

Poche à douille avec embout pour écrire

1. Diviser le glaçage dans 2 bols, et les colorer de 2 différentes couleurs à l'aide du colorant alimentaire. Glacer les cupcakes avec 1 couleur.

2. Placer le second glaçage dans la poche à douille avec un embout étoilé. Décorer avec un motif sur le pourtour.

3. Placer les petites boules en bonbon à l'intérieur de la décoration.

4. Utiliser le glaçage pour coller la petite poupée au centre.

5. Ajouter la sucette achetée au magasin qui contient les mots de bienvenue. Pour faire votre propre mot de bienvenue, écrire « C'est une fille » ou « C'est un garçon » sur un collant en papier ou cartonné. L'attacher à la sucette avec un ruban adhésif ou de la colle.

Cupcakes marguerite

Vous aurez besoin de :
1 recette de vos cupcakes favoris
1 recette de Glaçage à la vanille (page 92)
Colorant alimentaire
Perles en bonbon roses
Bonbons jaunes
Cœurs en bonbon
Fleurs en bonbon (2 tailles)

Poche à douille avec un embout en pétale

1. Faire cuire, laisser refroidir, et glacer les cupcakes, en réservant un peu du glaçage. Saupoudrer du sucre coloré sur les cupcakes glacés.

2. Placer le glaçage réservé dans la poche à douille. Dessiner des marguerites (voir page 34).

3. Placer 1 bonbon jaune dans le centre de chaque fleur et les perles roses autour des pétales.

4. Utiliser du glaçage pour coller les bonbons en forme de cœur autour du cupcake.

5. Utiliser du glaçage pour coller les fleurs en bonbon sur les bonbons en forme de cœur.

Cupcakes étoiles

Vous aurez besoin de :
1 recette de vos cupcakes favoris
1 recette de Glaçage à la vanille (page 92)
Colorant alimentaire
Perles en bonbon bleues
Étoiles en bonbon, grosses, moyennes et petites

Ruban avec décorations pour bébé
Poche à douille avec embout large

1. Diviser le glaçage en 2 bols et les colorer de 2 différentes couleurs à l'aide du colorant alimentaire. Glacer les cupcakes avec 1 couleur.

2. Placer le second glaçage dans la poche à douille. Dessiner 1 étoile.

3. Placer 1 gros bonbon en forme d'étoile au centre de l'étoile glacée. Utiliser le glaçage pour coller 1 plus petite étoile sur le dessus. En ajouter 1 autre de couleur différente sur les autres étoiles.

4. Disposer de grosses étoiles en bonbon autour du cupcake.

5. Ajouter les perles en bonbon bleues dans l'espace restant.

6. Attacher 1 ruban avec une décoration pour bébé autour du cupcake.

Cupcakes jumeaux

Vous aurez besoin de :
1 recette de vos cupcakes favoris
1 recette de Glaçage à la vanille (page 92)
Colorant alimentaire
Sucre coloré
Lettres en bonbon
Perles en bonbon
Étoiles en bonbon
Fleurs en bonbon

Ruban avec décorations pour bébé

1. Faire cuire et laisser refroidir les cupcakes. Diviser le glaçage en 2 bols, et les colorer à l'aide du colorant alimentaire : peut-être rose et

Dans le sens des aiguilles d'une montre, en partant du haut : Cupcake bébé, Cupcake c'est un garçon/c'est une fille, Cupcake Bienvenue bébé, Cupcake jumeaux, Cupcake étoiles, Cupcake marguerite.

violet pour des jumelles, bleu et vert pour des jumeaux, et bleu et rose pour des jumeaux fille et garçon. Ou choisir des couleurs plus neutres.

2. Étendre le glaçage sur les cupcakes pour simuler les symboles yin et yang.

3. Saupoudrer chaque section de sucre coloré qui s'agence aux couleurs du glaçage.

4. Si l'espace le permet, écrire le nom des jumeaux sur les cupcakes avec les lettres en bonbon.

5. Disposer en alternant, autour du périmètre des cupcakes, des perles et des étoiles pour les garçons, des perles et des fleurs pour les filles, ou les deux pour des jumeaux garçon et fille.

Cupcakes Bienvenue bébé

Vous aurez besoin de :

1 recette de vos cupcakes favoris
1 recette de Glaçage à la vanille (page 92)
1 recette de Biscuits célébration (page 95)
Colorant alimentaire
Sucre coloré

Emporte-pièces pour des formes rondes, de fleurs ou d'étoiles
Poche à douille avec embouts pour décorer et pour écrire
Bébés en plastique pour décorer

1. Faire cuire les Biscuits célébration ronds, en fleur ou en étoile. Laisser refroidir.

2. Diviser le glaçage en 2 bols et les colorer à l'aide du colorant alimentaire. Réserver un peu de glaçage pour une utilisation ultérieure. Glacer les cupcakes d'une couleur et les biscuits de l'autre couleur

3. Saupoudrer le sucre coloré sur les biscuits et les cupcakes.

4. Placer le glaçage dans la poche à douille. À l'aide d'un embout pour décorer, dessiner un motif autour du périmètre de chaque cupcake. Écrire le nom du bébé sur les biscuits avec le glaçage. Placer les biscuits dans le centre des cupcakes. Déposer les bébés en plastique sur les biscuits.

CUPCAKES POUR LES MARIAGES

Lorsque vient le temps d'ajouter une touche originale aux mariages, les couples cherchent toujours une façon unique de personnaliser l'événement. C'est pour cette raison que les cupcakes sont devenus un choix très populaire en comparaison aux traditionnels gâteaux de mariage. Prenant comme modèle les gâteaux de mariage à trois étages, ces cupcakes sont faits avec des moules de trois tailles différentes. Montrez-les à votre pâtissier pour qu'il s'en inspire ou faites-les vous-même. Ils seront également appréciés lors d'une fête prénuptiale.

Cupcakes des mariés

Vous aurez besoin de :
1 recette de Cupcakes dorés (page 64)
1 recette de Cupcakes au chocolat (page 58)
1 recette de Glaçage au chocolat (page 84)
1 recette de Sauce aux framboises (page 100)
1 recette de Glaçage à la vanille (page 92)
Fleurs en bonbon

Décoration de mariés
Moules à cupcakes, grands et moyens
Papier cartonné
Ruban, et fleurs en soie ou séchées
Vin blanc

1. Préparer la pâte pour les cupcakes. On aura besoin de 1 grand et de 2 moyens cupcakes à superposer pour créer chacune de ces « tours ». Pour faire les Cupcakes dorés et les Cupcakes au chocolat, moyens et grands, verser la pâte dans les moules à cupcakes des 2 tailles. Laisser refroidir.

2. Pour préparer l'étage du dessous, glacer les côtés et les périmètres des grands cupcakes avec du Glaçage au chocolat, puis ajouter 5 ml (1 c. à thé) de Sauce aux framboises au centre du dessus.

3. Retourner le cupcake moyen à l'envers et le déposer sur le grand cupcake. Glacer les côtés avec le Glaçage à la vanille. Verser la Sauce aux framboises sur le dessus.

Cupcakes neufs, vieux, empruntés, bleus

*C*haque mariée a besoin de quelque chose de neuf, de quelque chose de vieux, de quelque chose d'emprunté, de quelque chose de bleu. Pourquoi ne serait-ce pas délicieux aussi ? Apportez ces cupcakes à la réception prénuptiale de la mariée, ou donnez-les à la mariée avant son mariage en guise de cadeau de bonne chance.

● ● ●

Pour commencer, choisissez une vieille recette des cupcakes favoris de la famille (ceci sera le « vieux » du cupcake). Pour le « neuf » du cupcake, créez un merveilleux nouveau design, en utilisant les diagrammes des cupcakes à niveaux et les suggestions de garnitures du chapitre 9 (voir page 243). « Empruntez » une recette de glaçage blanc d'un ami ou d'un membre de la famille, au nom de la mariée. Colorez le glaçage en « bleu » avec du colorant alimentaire. Régalez-vous !

4. Placer 1 autre cupcake moyen, retourné à l'envers, sur le dessus des 2 cupcakes déjà empilés. Glacer les côtés de ce cupcake avec du Glaçage au chocolat et le dessus avec du Glaçage à la vanille.

5. Placer la décoration de mariés sur le dessus.

6. Préparer 1 arche : couper 1 lanière de 0,6 cm (¼ po) dans du papier cartonné, assez longue pour couvrir la décoration de mariés. À l'aide de colle ou de ruban adhésif, fixer 1 fil de métal de 2,5 cm (1 po) à chaque bout. Couvrir de bonbons ou de fleurs à l'aide de colle. Courber l'arche et enfoncer les bouts de métal dans le cupcake.

7. Décorer les cupcakes avec des petits cœurs en bonbon.

8. Attacher 1 ruban avec des fleurs en soie ou séchées autour de la caissette en papier.

Cupcakes aux trois agrumes rehaussés de diamants

Vous aurez besoin de :

1 recette de Cupcakes au citron (page 66)
1 recette de Glaçage à la lime (page 87)
1 recette de Sauce à l'orange (page 100)
1 recette de Zeste d'agrumes confits (page 94)
Cœurs en bonbon blancs
Diamants en bonbon

Crayon à encre comestible
Moules à cupcakes, mini, moyens et grands

1. Préparer la pâte des cupcakes. Diviser uniformément entre les différentes grandeurs de moules. Faire cuire et laisser refroidir les cupcakes.

2. Pour faire les cupcakes superposés : Pour l'étage du dessous, glacer les côtés et le périmètre des grands cupcakes. Verser 5 ml (1 c. à thé) de Sauce à l'orange sur le dessus.

3. Retourner les cupcakes moyens à l'envers sur les grands. Glacer les côtés et le périmètre. Verser 5 ml (1 c. à thé) de Sauce à l'orange dans le centre.

4. Retourner les minicupcakes à l'envers sur le dessus. Glacer la tour entière.

5. Placer les cœurs en bonbon blancs et les diamants en bonbon autour de la base des cupcakes moyens et mini.

Dans le sens des aiguilles d'une montre, à partir du haut : Cupcake aux trois agrumes rehaussé de diamants, Cupcake familiaux pour elle et lui, Cupcake des mariés, Cupcake colombes, Cupcake à niveaux aux amandes.

6. À l'aide du crayon à encre comestible, écrire les noms du couple sur 2 cœurs en bonbon. Placer sur le dessus des cupcakes.

7. Garnir avec le Zeste des agrumes confits.

Cupcakes colombes

Vous aurez besoin de :

1 recette de Cupcakes au champagne (page 53)
1 recette de Glaçage au champagne et à la crème au beurre (page 84)
Colorant alimentaire jaune
1 recette de Sauce aux fraises (page 101)
Sucre blanc
Pépites de chocolat blanc
Morceaux de chocolat blanc

Moules à cupcakes, mini et grands
Fil en métal blanc
Colombes en plastique
Ruban, et fleurs séchées ou en soie

1. Préparer la pâte des cupcakes. Faire cuire les cupcakes dans les moules grands et mini. Chaque cupcake superposé nécessitera 1 grand et 2 minicupcakes. Laisser refroidir.

2. Diviser le glaçage dans 2 bols. Laisser 1 partie blanche, et colorer la seconde avec du colorant alimentaire jaune.

3. Pour faire l'étage du dessous, glacer le grand cupcake blanc sur les côtés et autour du périmètre. Verser 5 ml (1 c. à thé) de Sauce aux fraises dans le centre de chaque cupcake.

4. Renverser 1 minicupcake sur le grand cupcake. Glacer les côtés et le périmètre en jaune. Étendre de la Sauce aux fraises sur le dessus.

5. Renverser l'autre minicupcake sur le dessus. Glacer en blanc.

6. Saupoudrer du sucre blanc sur toute la « tour » de cupcakes.

7. Placer des pépites de chocolat blanc autour de la base du cupcake jaune, et des morceaux de chocolat blanc sur le dessus.

8. Attacher 2 colombes de décoration avec du fil en métal blanc. Fixer sur les côtés du minicupcakes pour faire comme si elles volaient.

9. Nouer 1 ruban avec des fleurs séchées ou en soie autour de la caissette en papier.

● *Note* C'est aussi un bon sujet de conversation lors de la célébration d'un anniversaire. Disposez les photos de mariage, les photos de la famille et des photos plus récentes du couple sur les cupcakes d'anniversaires. Pour les noces d'argent, utilisez des garnitures argentées. Pour les noces d'or, utilisez des garnitures dorées.

Cupcakes familiaux pour elle et lui

Vous aurez besoin de :

1 recette de vos cupcakes favoris
1 recette de Glaçage à la vanille (page 92)
Sucre blanc
Bonbons ronds argentés

Cure-dents
Étiquettes autocollantes, ou papier et colle ou ruban adhésif
Photos ou photocopies du mariage

Moule à grands cupcakes
Moule à cupcakes moyens
Poche à douille avec embout pour écrire

1. Préparer la pâte des cupcakes. Faire cuire un nombre égal de cupcakes moyens dans un moule graissé et de gros cupcakes dans des caissettes en papier.

2. Préparer le glaçage. Diviser en 2. Colorer 1 partie de votre couleur favorite et réserver. Glacer les gros cupcakes avec du glaçage blanc.

3. Renverser le cupcake moyen sur le grand. Glacer avec le reste du glaçage blanc.

4. Saupoudrer les cupcakes glacés de sucre blanc.

5. Placer du glaçage coloré dans la poche à douille et dessiner un motif. (Exemples de modèles : page 251). Ajouter les bonbons ronds argentés aux motifs.

6. À l'aide de colle ou de ruban adhésif, coller sur un cure-dent de vieilles photos de mariage et des photos des deux familles du couple. Placer sur les cupcakes.

Cupcakes à niveaux aux amandes

Vous aurez besoin de :

1 recette de Cupcakes aux amandes (page 49)
1 recette de Glaçage aux amandes (page 83)
Amandes entières nature ou recouvertes de chocolat
Amandes tranchées
Graines de pavot
Feuilles de chocolat (page 37)
Amandes confites

1. Ces cupcakes étagés sont faits avec 2 cupcakes. Faire cuire les cupcakes dans des moules moyens, la moitié dans des caissettes en papier, et l'autre moitié dans les moules graissés et farinés. Les cupcakes dans les caissettes en papier feront l'étage du dessus. Les cupcakes sans caissette feront l'étage du dessous. Laisser refroidir.

2. Glacer l'étage du dessous. Placer des amandes entières ou des amandes recouvertes de chocolat sur le dessus du cupcake.

3. Renverser les cupcakes de l'étage du dessus sur les cupcakes glacés. Glacer les côtés et les dessus.

4. Placer les amandes tranchées sur les côtés des cupcakes.

5. Placer 2,5 ml (½ c. à thé) de graines de pavot au centre du cupcake.

6. Placer les feuilles de chocolat sur le dessus de chaque cupcake.

7. Placer les amandes confites pour former une fleur sur le dessus des feuilles et autour des graines de pavot.

CUPCAKES POUR LES ADOS

Au cours des années de l'adolescence, il y a plusieurs étapes importantes à célébrer. Lors de votre prochaine fête, servez ces jolis, séduisants, délicieux cupcakes de rêve. Vos invités n'auront jamais assez : de sucre, d'épices et de tout ce qui est si bon !

Cupcakes bar/bat-mitzvah

Vous aurez besoin de :
1 recette de vos cupcakes favoris
1 recette de Glaçage à la vanille (page 92)
Colorant alimentaire
Paillettes brillantes comestibles ou sucre coloré

Moule à gâteau carré ou rectangulaire
Moule à grands cupcakes
Emporte-pièce pour biscuits en forme d'étoile de David
Poche à douille avec embout pour écrire

1. Faire cuire la moitié de la pâte dans un moule à gâteau et l'autre moitié dans le moule à cupcakes. Lorsque les gâteaux sont refroidis,

couper le gâteau plat avec un emporte-pièce en forme d'étoile de David légèrement plus petit que le cupcake. Couper le même nombre d'étoiles que le nombre de cupcakes.

2. Diviser le glaçage en 3 bols. Utiliser les colorants alimentaires au choix. Réserver un peu de glaçage pour décorer.

3. Glacer les cupcakes. Saupoudrer des paillettes comestibles ou du sucre coloré sur le pourtour.

4. Placer l'étoile de David sur le dessus des grands cupcakes. Glacer l'étoile avec la seconde couleur.

5. Remplir la poche à douille du glaçage réservé. Dessiner le contour de l'étoile avec un motif.

Sur le présentoir à gâteaux, dans le sens des aiguilles d'une montre, à partir du haut, à gauche : Cupcake bar/bat-mitzvah, Cupcake pour la remise des diplômes, Cupcake avec boucle pour les seize ans. Sur la table, de gauche à droite : Cupcake avec fleurs cristallisées, Cupcake pour la quinceañera, Cupcake délicieux sucré et épicé.

Vous faites une soirée pyjama? Achetez des bonbons et préparez ces cupcakes pour offrir pendant la soirée. Chacun peut décorer le sien comme il le désire. Pour créer des cupcakes qui seront des objets d'art, choisissez une ou deux recettes de cupcakes et décorez-les de bonbons en utilisant les exemples et les palettes de couleurs que vous trouverez au Chapitre 9. Utilisez les cupcakes moka ou au café, qui vous garderont éveillé jusqu'au petit matin.

Cupcakes avec fleurs cristallisées

Vous aurez besoin de :

1 recette de vos cupcakes favoris
1 recette de Glaçage royal (page 90)
1 recette de Fondant (page 92)
1 recette de Fleurs comestibles cristallisées (page 96)
Colorant alimentaire
Sucre coloré

Poche à douille avec embout étoilé
Emporte-pièce circulaire pour biscuit

1. Colorer le Glaçage royal avec du colorant alimentaire. Glacer les cupcakes.

2. Diviser le Fondant dans 2 bols. Colorer chaque partie d'une couleur s'agençant avec les Fleurs comestibles cristallisées.

3. Faire un panier tressé avec le Fondant (page 40-41). À l'aide de l'emporte-pièce, couper le panier tressé de dimension un peu moins grande que le cupcake. Placer sur le cupcake.

4. À l'aide de la poche à douille, déposer du Glaçage royal sur le pourtour du cupcake.

5. Utiliser le glaçage pour coller les Fleurs comestibles cristallisées sur le cupcake.

Cupcakes pour la remise des diplômes

Vous aurez besoin de :

1 recette de vos cupcakes favoris
1 recette de Glaçage à la vanille (page 92)
Colorant alimentaire
1 recette de Glaçage au chocolat (page 84)
Gel colorant noir
Biscuits carrés
Lanière de réglisse noire
Perles en bonbon

Moules à cupcakes, mini et grands
Poche à douille avec petit embout pour écrire

1. Préparer la pâte pour les cupcakes. Verser dans un même nombre de moules à cupcakes mini et grands. Pour un cupcake de remise de diplôme, 1 cupcake de chaque taille sera nécessaire. Faire cuire et laisser refroidir.

2. Préparer le Glaçage à la vanille. Diviser en 2 parties. Colorer chacune avec du colorant alimentaire aux couleurs de l'école. En réserver un peu pour écrire. Glacer les grands cupcakes avec les couleurs de l'école.

3. Préparer le Glaçage au chocolat. Le colorer avec le gel colorant noir.

4. Retourner les minicupcakes à l'envers sur les grands cupcakes. Utiliser le glaçage pour coller les biscuits carrés sur les minicupcakes. Glacer les minicupcakes et les biscuits en noir pour faire les chapeaux de remise des diplômes.

5. Couper la lanière de réglisse en petites sections. Regrouper les sections pour en faire les glands. Placer sur le dessus des chapeaux. Recouvrir d'une perle en bonbon.

6. Remplir la poche à douille de glaçage coloré. Écrire CLASSE DE avec l'année ou tout simplement l'année sur les cupcakes.

Cupcakes *quinceañera*

À travers le monde, les jeunes filles hispaniques célèbrent la transition de leur statut de jeune fille à celui de jeune femme à l'âge de quinze ans. Servez ces délicieux cupcakes, invitez un ami et son groupe pour jouer de la musique, et dansez toute la nuit.

Vous aurez besoin de :
1 recette de Cupcakes aux amandes (page 49)
1 recette de Pâte d'amande (page 99)
Colorant alimentaire rouge
Cœurs en bonbon

Rouleau à pâte
Emporte-pièce circulaire pour biscuit
Gros emporte-pièces en forme de cœur
Emporte-pièces en forme de chiffres

1. Faire cuire les cupcakes et les laisser refroidir. Préparer la pâte d'amande et la diviser en 2 parties, 1 petite et 1 grande. À l'aide de

colorant alimentaire, teindre la grande partie en rose et la petite partie en rouge.

2. Rouler la pâte d'amande rose avec un rouleau à pâte. À l'aide d'un emporte-pièce circulaire, couper de dimension un peu plus petite que le diamètre du cupcake. Placer les cercles sur les cupcakes déjà cuits.

3. À l'aide de l'emporte-pièce en forme de cœur, mettre en relief 1 grand cœur au centre des cupcakes.

4. Rouler la pâte d'amande rouge avec un rouleau à pâte. À l'aide d'emporte-pièces en forme de chiffres, ou d'un couteau, couper les chiffres 1 et 5 autant de fois que nécessaire pour décorer tous les cupcakes.

5. Pour faire la corde de bordure (page 40), rouler le reste de la pâte d'amande rouge et rose en de longues lanières fines. Torsader les lanières ensemble pour faire une bordure autour du périmètre des cupcakes.

6. Placer les bonbons en forme de cœur au point de rencontre des lanières.

Cupcakes délicieux sucrés et épicés

Vous aurez besoin de :

1 recette de Cupcakes aux épices (page 77)
1 recette de Fondant (page 92)
Colorant alimentaire

Rouleau à pâte
Variété d'emporte-pièces circulaires pour biscuits
Variété d'emporte-pièces en forme de fleurs

1. Préparer le Fondant. Diviser en 2 parties et, à l'aide de colorant alimentaire, colorer chaque partie de différentes couleurs. Réserver environ le tiers de chaque couleur. Placer 2 autres parties dans le bol et les mélanger légèrement avec un couteau pour les marbrer.

2. Rouler le fondant marbré avec un rouleau à pâte. À l'aide d'un emporte-pièce circulaire, couper le fondant de dimension similaire aux cupcakes. À l'aide d'un petit emporte-pièce, mettre en relief des motifs dans les cercles. Placer sur les cupcakes.

3. Rouler la partie réservée du Fondant. À l'aide d'un emporte-pièce en forme de fleur, couper le fondant. Puis, à l'aide de différents emporte-pièces, mettre en relief des motifs dans les fleurs. Placer au centre des cupcakes.

Cupcakes avec boucles pour les seize ans

Vous aurez besoin de :

1 recette de Cupcakes au citron (page 66)
1 recette de Glaçage royal (page 91)
1 recette de Fondant (page 92)
Colorant alimentaire

Rouleau à pâte
Poche à douille avec embout pour décorer

1. Diviser le glaçage en 2 parties et, à l'aide de colorant alimentaire, les colorer pastel. Glacer les cupcakes avec 1 couleur.

2. Remplir la poche à douille avec la seconde couleur et dessiner un motif autour du chaque cupcake.

3. Préparer le Fondant et préparer des Boucles en fondant (page 41). Placer au centre de chaque cupcake.

CUPCAKES POUR LES VENTES DE PÂTISSERIES POUR CAMPAGNES DE FINANCEMENT

Faire la cuisine afin de vendre des pâtisseries pour une campagne de financement est une façon agréable de se porter volontaire pour une cause importante. Les cupcakes sont réellement le meilleur choix pour une vente. Ils peuvent être faits rapidement en grand nombre et être vendus individuellement afin de faire un bon profit. Ces recettes et ces décorations sont attrayantes et donnent l'eau à la bouche.

Cupcakes avec pièces de monnaie en bonbon

Vous aurez besoin de :

1 recette de Cupcakes au chocolat (page 58)
1 recette de Glaçage au chocolat (page 84)
Paillettes au chocolat
Nonpareilles blanches
Pièces de monnaie en bonbon

Étiquettes autocollantes, ou papier et colle
Cure-dents

1. Faire cuire les cupcakes, laisser refroidir, et glacer. Verser les paillettes de chocolat dans un bol. Tremper les côtés des cupcakes glacés.

2. Saupoudrer les nonpareilles blanches au centre des cupcakes.

3. Faire un drapeau : Écrire MERCI sur une étiquette autocollante ou sur du papier. Enrouler les étiquettes autour d'un cure-dent, ou les coller sur le cure-dent. Enfoncer les drapeaux dans les cupcakes.

4. Placer des pièces de monnaie en bonbon au centre des cupcakes.

Cupcakes de la couleur de l'argent

Vous aurez besoin de :
1 recette de Cupcakes à la lime (page 66)
1 recette de Glaçage à la lime (page 87)
Colorant alimentaire vert
Sucre coloré vert
Bonbons verts

Pailles
Colle ou ruban adhésif
Argent factice

1. Faire cuire les cupcakes et laisser refroidir. Colorer le glaçage avec du colorant alimentaire vert et glacer les cupcakes.
2. Saupoudrer de sucre vert. Disposer les bonbons verts sur les cupcakes pour former un motif.
3. Couper les pailles en sections de 7,5 cm (3 po). À l'aide de colle ou de ruban adhésif, fixer l'argent factice aux pailles. Placer sur les cupcakes.

Cupcakes chanceux

Vous aurez besoin de :
1 recette de Cupcakes dorés (page 64)
1 recette de Glaçage à la vanille (page 92)
Gros morceau(x) de bonbons mous
Colorant alimentaire
Grosses perles en bonbon
Sucre coloré

Étiquettes autocollantes, ou papier et colle
Cure-dents

1. Préparer la pâte pour les cupcakes et des moules à cupcakes avec des caissettes en papier. Cacher 1 gros morceau de bonbon dans la pâte d'un des cupcakes. (Pour avoir plusieurs gagnants, placer des bonbons dans plusieurs cupcakes.) Faire cuire et laisser refroidir.

Dans le sens des aiguilles d'une montre, à partir du haut, à gauche : Cupcake pour la tombola, Cupcake logo, Cupcake de la couleur de l'argent, Cupcake de remerciement, Cupcake chanceux.

2. Diviser le glaçage en 2 parties et les colorer de couleurs différentes avec du colorant alimentaire. Glacer le centre des cupcakes avec 1 couleur et le pourtour avec l'autre.

3. Placer le sucre coloré dans un bol. Tremper les côtés des cupcakes.

4. Faire 1 point d'interrogation avec des perles en bonbon sur chacun des cupcakes.

5. Sur une étiquette autocollante ou sur un morceau de papier, écrire CUPCAKE CHANCEUX. Attacher chaque étiquette à un cure-dent et l'insérer dans chaque cupcake.

6. La personne qui achète le cupcake avec le bonbon dans le centre est la gagnante. Lui donner un prix.

Cupcakes logo

Vous aurez besoin de :
1 recette de vos cupcakes favoris
1 recette de votre glaçage favori
Sucre coloré
Bonbons
Logo d'une organisation
Photocopieur, ou numériseur et imprimante
Cure-dents

1. Faire cuire les cupcakes, laisser refroidir, et glacer. Saupoudrer de sucre coloré.

2. Placer les bonbons sur le pourtourdes cupcakes.

3. Pour préparer le fanion : Photocopier, avec approbation préalable, le logo de l'organisation sur du papier ou sur des étiquettes autocollantes d'environ 5 cm (2 po) de haut. Il est aussi possible de numériser le logo à l'aide d'un ordinateur, puis de l'imprimer. Couper le logo en triangle et l'attacher à un cure-dent à l'aide de ruban adhésif ou de colle. Enfoncer le cure-dent dans le cupcake.

Cupcakes pour la tombola

Vous aurez besoin de :
1 recette de vos cupcakes favoris
1 recette de Glaçage à la vanille (page 92)
Colorant alimentaire
Paillettes colorées
Poche à douille avec embout pour écrire
Billets de tombola
Colle
Cure-dents

1. Faire cuire les cupcakes et laisser refroidir. Diviser le glaçage en 2 bols, 1 grand et 1 petit. Utiliser le grand bol pour glacer les cupcakes et le petit pour décorer. Colorer le glaçage avec du colorant alimentaire pour qu'il s'agence aux couleurs de l'organisation ou de l'événement.

2. Placer les paillettes colorées dans un bol. Tremper les côtés des cupcakes.

3. Remplir la poche à douille du glaçage du petit bol. Écrire le nom de l'événement ou de l'organisation sur les cupcakes.

4. Réserver les numéros de tirage dans un bol. Coller les billets de tirage sur des cure-dents. Placer sur les cupcakes.

5. Tirer un numéro gagnant du bol et donner un prix au gagnant. Il peut y avoir plusieurs gagnants, si désiré.

Cupcakes de remerciement

Vous aurez besoin de :
1 recette de vos cupcakes favoris
1 recette de votre glaçage favori
Nonpareilles colorées
Lettres en bonbon
Cœurs en bonbon

1. Faire cuire les cupcakes, laisser refroidir, et glacer. Verser les nonpareilles colorées dans un bol.

2. Avec les lettres en bonbon, écrire MERCI sur les cupcakes.

3. Placer des cœurs en bonbon de chaque côté du message.

Chapitre 8

Cupcakes pour les enfants

CUPCAKES POUR LE COMPTOIR DE LIMONADE

Distinguez-vous de la compétition — en plus de la limonade, vendez des cupcakes au citron qui ont du style à votre comptoir de limonade sur le trottoir. Ces cupcakes créeront à coup sûr un après-midi de plaisir. Vendez-les à l'unité ou à la douzaine. Rappelez-vous que le temps, c'est de l'argent ; alors faites des motifs simples.

Cupcakes au citron et à la noix de coco

Vous aurez besoin de :
1 recette de Cupcakes au citron (page 66)
1 recette de Glaçage au citron (page 87)
Nonpareilles jaunes
Noix de coco râpée
Bonbons boules au citron

1. Glacer les cupcakes en réservant quelques cuillérées de glaçage à utiliser en guise de colle.

2. Verser les nonpareilles dans un petit bol. Tremper le pourtour des cupcakes.

3. Parsemer de la noix de coco râpée sur chaque cupcake.

Sur le présentoir à gâteaux, dans le sens des aiguilles d'une montre, à partir d'en haut à gauche : Cupcake au citron et à la meringue, Cupcake au citron et à la lime, Cupcake au citron à pois, Cupcake au citron et à la noix de coco. Au centre : Cupcake au citron et à l'orange. Sur la table : Cupcake tout citron.

4. Tremper le dessous des bonbons boules au citron dans le gla-çage. En déposer quelques-uns sur chaque cupcake.

Cupcakes au citron et à la lime

Vous aurez besoin de :

1 recette de Cupcakes au citron (page 66)
1 recette de Glaçage au citron (page 87)
Colorant alimentaire jaune
Sucre coloré vert
Nonpareilles jaunes
Bonbons à la lime

1. Teinter le glaçage avec quelques gouttes de colorant alimen-taire jaune. Glacer les cupcakes.

2. Verser les nonpareilles dans un petit bol. Tremper le pourtour des cupcakes dans les nonpareilles.

3. Saupoudrer du sucre vert au centre de chaque cupcake.

4. Déposer des bonbons à la lime sur chaque cupcake.

Cupcakes au citron et à la meringue

Vous aurez besoin de :

1 recette de Cupcakes au citron (page 66)
1 recette de Glaçage au citron (page 87)
Colorant alimentaire jaune
Nonpareilles jaunes et blanches
Meringues achetées

1. Teinter le glaçage avec quelques gouttes de colorant alimen-taire jaune. Glacer les cupcakes.

2. Mélanger les nonpareilles jaunes avec les blanches dans un petit bol. Tremper le pourtour des cupcakes.

3. Déposer 1 meringue sur chaque cupcake

Conseils pour les comptoirs de limonade

Pour commencer, fais cuire au moins 2 recettes de cupcakes et prépare une très bonne limonade. Voici une recette que tu peux essayer :

Limonade

8 citrons
250 ml (1 tasse) de sucre
2 bacs à glaçons
3,5 litres (14 tasses) d'eau

Roule les citrons pour les aider à rendre leur jus. Puis, passe-les au presse-fruits au-dessus d'un bol. Enlève les noyaux. Transfère le jus de citron dans un pichet et ajoute le reste des ingrédients. Remue jusqu'à ce que le sucre soit dissout.

Maintenant, suis ces instructions simples et prépare-toi à ouvrir ton comptoir.

1. Le plus important est l'emplacement. Un coin de rue où il y a beaucoup d'activité est le meilleur endroit pour installer ton comptoir. Décore-le avec une nappe, des banderoles et des affiches de couleur. Pour donner un aspect vraiment professionnel, dispose tes cupcakes sur un présentoir ou dans des assiettes de fantaisie.

2. Pour faire de la publicité, prépare des écriteaux que tu afficheras dans le voisinage. N'oublie pas de mettre l'emphase sur l'originalité de ton comptoir : Cupcakes au citron à vendre !

3. Pour décider du prix de vente de tes cupcakes, additionnes-en le coût de préparation, et divise le tout par le nombre de cupcakes. Indique le prix que tu désires, pourvu que le prix unitaire soit le double de ton coût pour les ingrédients, ce qui couvrira ton temps et les autres dépenses. Utilise la même règle pour la limonade. Pour encourager les acheteurs à se procurer six cupcakes ou une douzaine, donne un léger rabais de quantité. N'oublie pas d'apporter de la monnaie pour échanger les gros billets.

4. Téléphone à tes amis et aux membres de ta famille pour les inviter à ta vente : ce sont les meilleurs clients et assistants. S'ils t'aident, récompense-les avec des cupcakes gratuits ou une partie de tes bénéfices.

Bonne chance !

Cupcakes au citron et à l'orange

Vous aurez besoin de :
1 recette de Cupcakes au citron (page 66)
1 recette de Glaçage au citron (page 87)
Colorant alimentaire jaune
Nonpareilles orange
Quartiers d'orange et de citron en bonbon

1. Teinter le glaçage avec quelques gouttes de colorant alimentaire jaune. Glacer les cupcakes.

2. Verser les nonpareilles dans un petit bol. Tremper le pourtour des cupcakes.

3. Avant que le glaçage durcisse, saupoudrer les cupcakes avec des paillettes orange.

4. Placer des bonbons quartiers d'orange et de citron sur chaque cupcake.

Cupcakes au citron à pois

Vous aurez besoin de :
1 recette de Cupcakes au citron (page 66)
1 recette de Glaçage au citron (page 87)
Colorant alimentaire jaune
Nonpareilles jaunes
Pépites de chocolat blanc

1. Teinter le glaçage avec quelques gouttes de colorant alimentaire jaune. Glacer les cupcakes

2. Verser les nonpareilles dans un petit bol. Tremper le pourtour des cupcakes.

3. Inverser plusieurs pépites de chocolat blanc et les déposer à égale distance sur les cupcakes pour faire des pois.

Cupcakes tout citron

Vous aurez besoin de :
1 recette de Cupcakes au citron (page 66)
1 recette de Glaçage au citron (page 87)

Colorant alimentaire jaune
Sucre coloré jaune
Nonpareilles jaunes
Perles en bonbon jaunes

1. Teinter le glaçage avec quelques gouttes de colorant alimentaire jaune. Glacer les cupcakes.

2. Verser les nonpareilles dans un petit bol. Tremper le pourtour des cupcakes dans les nonpareilles.

3. Saupoudrer les cupcakes avec du sucre coloré jaune.

4. Placer les perles en bonbon jaunes sur le pourtour et 1 bonbon au citron au centre de chaque cupcake.

CUPCAKES AVEC FRIANDISES PRÉFÉRÉES

Cupcakes avec bretzels au chocolat

Vous aurez besoin de :
1 recette de Cupcakes au chocolat (page 58)
1 recette de Glaçage à la vanille (page 92)
Bretzels recouverts de chocolat (page 38)
Perles en bonbon
Pépites de chocolat

1. Faire cuire les cupcakes, laisser refroidir, et glacer. Placer un bretzel recouvert de chocolat au centre de chaque cupcake.

2. Disposer les perles et les pépites de chocolat en cercle autour du périmètre des cupcakes en alternant.

Cupcakes avec boules de gomme et oursons en gélatine

Vous aurez besoin de :
1 recette de Cupcakes dorés (page 64)
1 recette de Glaçage à la vanille (page 92)
Cristaux de sucre

Oursons en gélatine
Boules de gomme

Cure-dents

1. Faire cuire les cupcakes, laisser refroidir, et glacer. Saupoudrer les cristaux de sucre sur les cupcakes glacés.

2. Disposer les oursons en gélatine autour du périmètre des cupcakes.

3. Avec le bout d'un couteau, faire une petite ouverture dans les boules de gomme. Insérer les cure-dents. Enfoncer les cure-dents dans les cupcakes.

Cupcakes au chocolat chaud

Vous aurez besoin de :
1 recette de Cupcakes au chocolat (page 58)
1 recette de Glaçage à la guimauve (page 89)
Garniture fouettée, achetée
Poudre de cacao
Miniguimauves

1. Faire cuire les cupcakes, laisser refroidir, et glacer. Déposer 15 ou 30 ml (1 ou 2 c. à soupe) de garniture fouettée sur les cupcakes.

2. Saupoudrer les cupcakes de poudre de cacao.

3. Recouvrir les cupcakes de miniguimauves.

Cupcakes à la nougatine aux arachides et à la confiture

Vous aurez besoin de :

1 recette de Cupcakes au beurre d'arachide (page 71)
1 recette de Glaçage au fromage à la crème (page 86)
Confiture de fruits (fraises, framboises, raisins)
Arachides
Nougatine aux arachides

1. Glacer les cupcakes. À l'aide d'un couteau, étendre la confiture de fruits désirée sur le dessus de chaque cupcake. Ils seront collants.

2. Saupoudrer des arachides sur la confiture. Insérer 1 tranche de nougatine aux arachides dans les cupcakes.

Cupcakes au beurre d'arachide et aux pépites de chocolat

Vous aurez besoin de :

1 recette de Cupcakes au beurre d'arachide (page 71)
1 recette de Glaçage au chocolat (page 84)
500 ml (2 tasses) de pépites de chocolat, plus pour décorer
Paillettes en chocolat
Minicoupes au beurre d'arachide
Arachides recouvertes de bonbon

1. Ajouter 500 ml (2 tasses) de pépites de chocolat à la pâte des cupcakes. Bien mélanger. Faire cuire et laisser refroidir.

2. Glacer les cupcakes, en réservant un peu de glaçage pour coller.

3. Verser les paillettes en chocolat dans un bol. Tremper le pourtour des cupcakes.

4. Placer 1 minicoupe au beurre d'arachide, non développée, au centre de chaque cupcake. Glacer le dessus de chaque coupe aux arachides pour qu'elles semblent être des cupcakes glacés. Déposer 1 pépite de chocolat sur le dessus.

5. Placer les arachides recouvertes de bonbon en alternant avec les pépites de chocolat autour du périmètre de chaque cupcake.

Dans le sens des aiguilles d'une montre, en partant de la gauche: Cupcake avec bretzel au chocolat, Cupcake au beurre d'arachide et aux pépites de chocolat, Cupcake avec boules de gomme et oursons en gélatine, Cupcake à la nougatine aux arachides et à la confiture, Cupcake aux S'mores, Cupcake au chocolat chaud.

Cupcakes aux S'mores

Vous aurez besoin de :

1 recette de Cupcakes au chocolat et aux pépites de chocolat (page 58)
1 recette de Glaçage à la guimauve (page 89)
Grosses guimauves
Biscuits Graham ou biscuits Graham recouverts de chocolat
Fudge au chocolat

1. Verser la pâte des cupcakes dans les caissettes en papier jusqu'à la moitié. Immerger une guimauve dans chaque caissette. Faire cuire les cupcakes, et les laisser refroidir.

2. Préparer le glaçage. Glacer les cupcakes ; en réserver un peu pour les S'mores.

3. Pour préparer un S'more sur le dessus : étendre le fudge au chocolat, le glaçage à la guimauve et mettre 1 grosse guimauve entre 2 biscuits Graham. Placer 1 S'more sur le dessus de chaque cupcake.

CUPCAKES AUX VISAGES AMICAUX

Les cupcakes fraîchement glacés font de merveilleuses toiles sur lesquelles vous pouvez créer des expressions amicales et drôles. Utilisez des bonbons achetés pour composer ces visages grégaires. Vous pourrez même trouver d'autres modèles de visages au chapitre des Idées de design (voir page 251).

Cupcakes nez pointu

Vous aurez besoin de :

1 recette de vos cupcakes favoris
1 recette de votre glaçage favori
Cornets gaufrés
Dragées
Fleurs en bonbon
Bonbons à la menthe
Noix de coco râpée, colorée

1. Faire cuire les cupcakes, laisser refroidir, et glacer. Couper le bout du cornet à environ 5 cm (2 po) du bout pour faire un nez. En placer 1 au centre de chaque cupcake glacé.

2. Placer 2 dragées sur les cupcakes pour faire les yeux. Utiliser du glaçage pour coller 2 fleurs en bonbon sur les dragées.

3. Déposer les bonbons à la menthe à l'envers en demi-cercle pour former la bouche.

4. Saupoudrer la noix de coco râpée et colorée sur le dessus pour faire les cheveux.

Dans le sens des aiguilles d'une montre, à partir du haut : Cupcake cheveux de gélatine, Cupcake visage sur biscuit, Cupcake chevelure étoilée, Cupcake nez pointu, Cupcake à l'œil furtif, Cupcake visage croustillant.

Cupcakes visage sur biscuit

Vous aurez besoin de :
1 recette de vos cupcakes favoris
1 recette de votre glaçage favori
Nonpareilles arc-en-ciel
Biscuits de formes variées
Bonbons à la menthe
Cœurs en bonbons
Gros bonbons ronds

1. Faire cuire les cupcakes, laisser refroidir, et glacer.

2. Verser les nonpareilles arc-en-ciel dans un petit bol. Tremper les cupcakes glacés.

3. Étendre du glaçage en dessous et sur le dessus de chaque biscuit. Déposer sur le cupcake.

4. Fixer 2 gros bonbons ronds sur le biscuit pour en faire les yeux. Utiliser du glaçage pour coller 1 bonbon à la menthe sur chaque œil. Ajouter 1 cœur en bonbon en guise de bouche.

Cupcakes visage croustillant

Vous aurez besoin de :
1 recette de vos cupcakes favoris
1 recette de votre glaçage favori
1 recette de Garniture aux céréales de riz (page 100)
Noix
Lanières de réglisse
Bonbons au chocolat
Étoiles en bonbon

1. Faire cuire les cupcakes, laisser refroidir, et glacer.

2. Former des boules de 3,7 cm (1½ po) avec la Garniture aux céréales de riz. Étendre du glaçage en dessous et sur chaque boule. En attacher 1 au centre de chaque cupcake glacé.

3. Couper un petit morceau de réglisse. En tremper un côté dans le glaçage et le déposer en forme de sourire sur chaque boule de céréales.

4. À l'aide du glaçage, coller 2 bonbons au chocolat en guise d'yeux et 1 étoile en bonbon en guise de nez.

5. Placer des noix autour du visage croustillant.

Cupcakes avec cheveux de gélatine

Vous aurez besoin de :
1 recette de vos cupcakes favoris
1 recette de votre glaçage favori
Vers en gélatine
Bonbons ronds variés
Bananes en bonbon
Perles en bonbon

1. Faire cuire les cupcakes, laisser refroidir, et glacer. Fixer les vers en gélatine sur les cupcakes glacés pour en faire de longs cheveux.

2. À l'aide du glaçage, coller 2 bonbons ronds superposés pour faire les yeux. Ajouter 1 bonbon rond pour le nez. Fixer 1 banane en bonbon pour faire la bouche.

3. Saupoudrer des perles en bonbon en guise de taches de rousseur.

Cupcakes à l'œil furtif

Vous aurez besoin de :
1 recette de vos cupcakes favoris
1 recette de votre glaçage favori
Perles en bonbon
Tranches de bonbons en gélatine
Banane en bonbon
Bonbons à la cannelle

1. Faire cuire les cupcakes, laisser refroidir, et glacer. Placer les perles en bonbon autour du périmètre des cupcakes glacés.

2. Placer 1 tranche de bonbon au centre de chaque cupcake.

3. Couper en 2 les bananes en bonbon. Tremper les bouts dans le glaçage. Placer sur les tranches de bonbons en gélatine pour faire le nez et les cornes.

4. Utiliser le glaçage pour coller les bonbons à la cannelle sur les tranches de bonbon pour faire les yeux.

Cupcakes chevelure étoilée

Vous aurez besoin de :

1 recette de vos cupcakes favoris
1 recette de votre glaçage favori
Étoiles en gélatine
Bonbons en gélatine en forme de croissant
Bonbons à la cannelle
Bonbons ronds en gélatine
Cristaux de sucre

1. Faire cuire les cupcakes, laisser refroidir, et glacer. Placer les étoiles en gélatine sur la moitié du périmètre des cupcakes glacés pour faire les cheveux.

2. Placer les bonbons en gélatine en forme de croissant pour faire les yeux. Utiliser le glaçage pour coller 1 bonbon à la cannelle sur les yeux. Placer 1 bonbon rond en gélatine au centre pour faire le nez.

4. Utiliser 1 bonbon en gélatine en forme de croissant pour faire la bouche.

5. Saupoudrer des cristaux de sucre en guise de taches de rousseur.

CUPCAKES DU MONDE DES ENFANTS

Utilisez vos petits jouets favoris comme décorations géniales. Les magasins où l'on vend des objets pour les fêtes, les magasins d'artisanat, les grandes surfaces, les supermarchés, les magasins de décorations pour gâteaux, les magasins de bonbons et les magasins de jouets sont remplis d'objets pour décorer les cupcakes. Vous ne trouverez peut-être pas exactement ce que vous voyez dans ces recettes, mais vous trouverez sûrement des inspirations nécessaires pour créer de belles choses. Donnez-vous-en à cœur joie ! Ces cupcakes sont aussi agréables à faire qu'à manger !

Cupcakes voiture

Vous aurez besoin de :

1 recette de vos cupcakes favoris
1 recette de Glaçage au chocolat (page 84)

Noix hachées
Cornets gaufrés

Voitures jouet

1. Faire cuire les cupcakes, laisser refroidir, et glacer. Verser les noix dans un petit bol. Tremper les cupcakes glacés pour simuler des roches.

2. Utiliser du glaçage pour coller 1 voiture jouet sur chaque cupcake.

3. Briser le cornet gaufré en morceaux, laissant les bords irréguliers. Enfoncer dans les cupcakes pour simuler de grosses roches.

Cupcakes construction

Vous aurez besoin de :
1 recette de vos cupcakes favoris
1 recette de Glaçage au chocolat (page 84)
Granola
Raisins secs enrobés de chocolat
Biscuits Graham, écrasés
Guimauves

Jouets de construction

1. Faire cuire les cupcakes, laisser refroidir, et glacer. Placer le granola dans un petit bol. Tremper les cupcakes glacés dans le granola pour faire du gravier.

2. Utiliser le glaçage pour coller 1 jouet de construction sur chaque cupcake. Placer les raisins secs enrobés de chocolat autour du jouet en guise de roches.

3. Écraser les biscuits Graham dans un petit bol. Couvrir une guimauve de glaçage. La tremper dans les miettes. Utiliser le glaçage pour coller le « rocher » au jouet de construction.

Cupcakes astronaute

Vous aurez besoin de :
1 recette de vos cupcakes favoris
1 recette de Glaçage à la vanille (page 92)
Miniguimauves

Véhicule spatial jouet

1. Faire cuire les cupcakes et laisser refroidir. Réserver du glaçage pour utiliser comme colle. Glacer les cupcakes en blanc pour simuler la lune. Recouvrir de guimauves.

2. Fixer 1 véhicule spatial jouet sur les guimauves avec du glaçage.

3. Déposer 1 drapeau au centre.

Cupcakes dinosaure

Vous aurez besoin de :

1 recette de vos cupcakes favoris
1 recette de Glaçage au chocolat (page 84)
Grosses roches en bonbon
Noix hachées

Dinosaures jouets

*Dernière rangée, de gauche à droite :
Cupcake construction, Cupcake trésor de
pirate. Rangée du centre, de gauche à droite :
Cupcake astronaute, Cupcake planche
à roulettes, Cupcake papillon, Cupcake
voiture. Première rangée, de gauche à droite :
Cupcake dinosaure, Cupcake bague.*

1. Faire cuire les cupcakes, laisser refroidir, et glacer. Placer 1 dinosaure jouet sur chaque cupcake glacé.

2. Entourer le dinosaure de grosses roches en bonbon.

3. Placer les noix hachées dans l'espace qui reste pour simuler de petites roches.

Cupcakes trésor de pirate

Vous aurez besoin de :
1 recette de vos cupcakes favoris
1 recette de Glaçage à la vanille (page 92)
Colorant alimentaire
Sucre coloré
Paillettes
Bonbons haricots
Monnaie en bonbon

Pirates jouets

1. Faire cuire les cupcakes et laisser refroidir. Colorer le glaçage au choix avec du colorant alimentaire. Glacer les cupcakes, en gardant un peu de glaçage pour coller.

2. Couvrir la surface du cupcake avec du sucre coloré et des paillettes.

3. Fixer 1 pirate jouet sur chaque cupcake avec du glaçage.

4. Placer les bonbons haricots et la monnaie en bonbon sur les cupcakes en guise de trésors.

Cupcakes bague

Vous aurez besoin de :
1 recette de vos cupcakes favoris
1 recette de votre glaçage favori
Colorant alimentaire
Cristaux de sucre
Bague en bonbon
Sucre d'orge

1. Faire cuire les cupcakes et laisser refroidir. Colorer le glaçage au choix avec du colorant alimentaire. Glacer les cupcakes.

2. Verser les cristaux de sucre dans un petit bol. Tremper les cupcakes glacés.

3. Placer la bague en bonbon et le sucre d'orge sur le dessus du cupcake.

Cupcakes papillon

Vous aurez besoin de :

1 recette de vos cupcakes favoris
1 recette de votre glaçage favori
Colorant alimentaire
Petites fleurs en bonbon

Papillons jouets
Cure-dents

1. Faire cuire les cupcakes et laisser refroidir. Colorer le glaçage au choix avec du colorant alimentaire. Glacer les cupcakes.

2. Couvrir les cupcakes glacés avec des petites fleurs en bonbon.

3. Placer le papillon jouet sur le dessus du cupcake. Si nécessaire, utiliser des cure-dents comme support.

Cupcakes planche à roulettes

Vous aurez besoin de :

1 recette de vos cupcakes favoris
1 recette de Glaçage à la vanille (page 92)
Colorant alimentaire
Paillettes colorées
Gros bonbons

Planche à roulettes jouet

1. Faire cuire les cupcakes et laisser refroidir. Colorer le glaçage au choix avec du colorant alimentaire. Glacer les cupcakes, réserver un peu de glaçage pour coller.

2. Disperser les paillettes sur les cupcakes glacés.

3. Placer les gros bonbons sur le cupcake. Ils serviront à donner un angle à la planche à roulettes.

4. Fixer la planche sur chaque cupcake avec du glaçage.

CUPCAKES ANIMAUX JOUETS

Créez ces cupcakes animaux jouets est aussi agréable que de passer une journée au jardin zoologique. Meuh! Groin!

Cupcakes alligator

Vous aurez besoin de :

1 recette de vos cupcakes favoris
1 recette de Glaçage à la vanille (page 92)
Colorant alimentaire brun et vert
Réglisse brune et verte

Alligators jouets

1. Faire cuire les cupcakes et laisser refroidir. Diviser le glaçage en 2 bols, colorer 1 partie en brun et l'autre partie en vert avec du colorant alimentaire. Réserver du glaçage pour coller.

2. Déposer une bonne quantité des 2 glaçages sur les cupcakes. Faire des tourbillons pour simuler un marécage.

3. Fixer 1 alligator jouet sur le cupcake.

4. Couper la réglisse brune et verte en petits morceaux pour simuler l'herbe d'un marécage. Entourer l'alligator de morceaux de réglisse.

Cupcakes vache

Vous aurez besoin de :

1 recette de vos cupcakes favoris
1 recette de Glaçage à la vanille (page 92)
Colorant alimentaire vert
Noix de coco râpée, verte
Réglisse verte

Vaches jouets

1. Faire cuire les cupcakes et laisser refroidir. Colorer le glaçage en vert avec du colorant alimentaire. Glacer les cupcakes.

2. Verser la noix de coco verte dans un bol. Tremper les cupcakes.

3. Couper la réglisse verte en morceaux pointus de 2,5 à 5 cm (1 à 2 po). Enfoncer dans les cupcakes.

4. Fixer la vache jouet sur le cupcake à l'aide du glaçage. Placer de façon à ce qu'elle semble manger l'herbe.

Cupcakes flamants roses

Vous aurez besoin de :

1 recette de vos cupcakes favoris
1 recette de votre glaçage favori
Colorant alimentaire vert
Noix de coco râpée, verte
Petites fleurs en bonbon

Agitateurs à cocktail en forme de flamant rose

1. Faire cuire les cupcakes et laisser refroidir. Colorer le glaçage en vert avec du colorant alimentaire. Glacer les cupcakes.

2. Verser la noix de coco verte dans un bol. Tremper les cupcakes dans la noix de coco verte.

3. Utiliser le glaçage pour coller les fleurs en bonbon à la noix de coco.

4. Enfoncer les agitateurs à cocktail en forme de flamant rose dans chaque cupcake.

Dernière rangée, de gauche à droite : Cupcake flamant rose, Cupcake paon. Rangée du centre, de gauche à droite : Cupcake cheval, Cupcake pingouin, Cupcake vache. Première rangée, de gauche à droite : Cupcake alligator, Cupcake porcherie, Cupcake tortue.

Cupcakes cheval

Vous aurez besoin de :

1 recette de vos cupcakes favoris
1 recette de Glaçage au chocolat (page 84)
Granola
Biscuits Graham, écrasés
Grosses guimauves

Chevaux jouets

1. Faire cuire les cupcakes, laisser refroidir, et glacer. Verser le granola dans un bol. Tremper les cupcakes glacés dans le granola.

2. Placer les biscuits Graham écrasés dans un petit bol. Couvrir les guimauves de glaçage. Tremper dans les miettes de biscuits Graham. Utiliser le glaçage pour coller les guimauves sur les cupcakes pour simuler des montagnes.

3. Fixer le cheval jouet sur le cupcake à l'aide du glaçage.

Cupcakes paon

Vous aurez besoin de :
1 recette de vos cupcakes favoris
1 recette de votre glaçage favori
Colorant alimentaire
Cailloux en bonbon

Paons en papier

1. Faire cuire les cupcakes et laisser refroidir. Colorer le glaçage au choix avec du colorant alimentaire. Glacer les cupcakes.
2. Étendre des cailloux en bonbon sur les cupcakes.
3. Placer le paon en papier au centre de chaque cupcake.

Cupcakes pingouin

Vous aurez besoin de :
1 recette de vos cupcakes favoris
1 recette de Glaçage à la vanille (page 92)
Noix de coco en flocons
Guimauves, mini et grosses
Chocolats, mini et gros

Pingouins jouets

1. Faire cuire les cupcakes, laisser refroidir, et glacer. Verser la noix de coco dans un bol. Tremper les cupcakes dans la noix de coco.
2. Fixer le pingouin jouet sur le cupcake à l'aide du glaçage.
3. Fixer les guimauves sur les cupcakes.
4. Coller les chocolats sur les guimauves.

Cupcakes porcherie

Vous aurez besoin de :
1 recette de vos cupcakes favoris
1 recette de Glaçage au chocolat (page 84)

Biscuits Graham
Raisins secs enrobés de chocolat

Cochons jouets

1. Faire cuire les cupcakes, laisser refroidir, et glacer. Écraser les biscuits Graham dans un petit bol. Tremper les cupcakes dans les miettes de biscuits Graham. À l'aide d'un couteau, disposer les miettes de façon à simuler la boue.

2. Utiliser du glaçage pour coller les raisins secs enrobés de chocolat pour faire les roches.

3. Fixer le cochon jouet sur le cupcake. Étendre un peu de glaçage sur le cochon pour qu'il paraisse sale.

Cupcakes tortue

Vous aurez besoin de :
  1 recette de vos cupcakes favoris
  1 recette de Glaçage à la vanille (page 92)
  Colorant alimentaire orange et bleu
  Biscuits Graham, écrasés

  Tortues jouets
  Petites roches en bonbon

1. Faire cuire les cupcakes et laisser refroidir. Diviser le glaçage en 3 petits bols. Laisser 1 partie blanche, et colorer les 2 autres en bleu et en orange avec du colorant alimentaire.

2. Étendre du glaçage orange sur le quart de chaque cupcake.

3. Placer une bonne quantité de glaçage bleu et blanc sur les trois quarts du cupcake. Faire tourbillonner les glaçages ensemble pour simuler l'eau.

4. Saupoudrer les miettes de biscuits Graham sur le glaçage orange pour simuler le sable.

5. Enfoncer les tortues jouets à demi dans le glaçage bleu, comme si elles sortaient de l'eau.

6. Placer les roches en bonbon sur la plage.

Devenez expert dans l'art de dessiner des cupcakes

Les cupcakes sont plus que des miniversions de gâteau — ce sont des objets artistiques. Comme pour la mode, il y a une allure pour chaque occasion, un style pour chacun. Les cupcakes, c'est comme la décoration intérieure. Ajouter quelques éléments et changer quelques détails élève votre travail à un niveau supérieur. Réinventez les cupcakes.

Pour devenir un designer de cupcakes :

- Commencez un album d'images inspirantes et de motifs qui vous plaisent.
- Organisez une boîte qui contiendra des emporte-pièces, des poches à douille avec des embouts pour décorer, du colorant alimentaire de différentes couleurs, des couteaux à tartiner, et des décorations non comestibles.
- Les ingrédients sont la palette du designer de cupcakes. Vous trouverez des sucres, des garnitures et des bonbons de plusieurs couleurs, goûts, textures, formes et tailles. Achetez une variété de garnitures intéressantes avec lesquelles vous pourrez faire vos créations.
- Fiez-vous à vos propres images et à votre palette pour créer des cupcakes qui auront votre originalité !

Chapitre 9

Combinaison de saveurs et idées de design

SUGGESTIONS DE CUPCAKES ET DE GLAÇAGE

Est-ce que vous êtes porté à expérimenter des mélanges de goûts ? Sachant que les glaçages au chocolat et à la vanille sont délicieux, pour la plupart des recettes de cupcakes, il existe plusieurs variations de cupcakes, de glaçages et de garnitures à explorer. Ce tableau marie bien les plus populaires et les classiques.

• • •

CUPCAKES À L'ANANAS	Glaçage à la liqueur
	Glaçage à la noix de coco grillée et au fromage à la crème
	Glaçage à l'érable et au fromage à la crème
	Glaçage aux bananes et à la noix de coco
	Glaçage fromage à la crème au gingembre
	Sirop au rhum
CUPCAKES À L'AVOINE ET AUX RAISINS SECS	Glaçage à l'érable et au fromage à la crème
	Glaçage au fromage à la crème
	Glaçage au fudge

Glaçage au gingembre et au
    fromage à la crème
Glaçage aux bananes et à la noix de coco

CUPCAKES À L'ÉRABLE
ET AUX NOIX
    Glaçage à l'érable et au fromage à la crème
    Glaçage au beurre noisette
    Glaçage au gingembre et au
        fromage à la crème
    Glaçage relevé à l'orange

CUPCAKES À L'ORANGE
    Crème fouettée
    Glaçage au chocolat
    Glaçage aux amandes
    Glaçage relevé à l'orange
    Sauce à l'orange

CUPCAKES À LA
BOISSON IRLANDAISE
À LA CRÈME
    Glaçage à la boisson irlandaise à la crème
    Glaçage au café et au fromage
        à la crème
    Glaçage au fudge
    Glaçage moka
    Glaçage riche en chocolat
    Sauce moka

CUPCAKES À LA
CITROUILLE
    Crème fouettée à la cannelle
    Glaçage à l'érable et au fromage
        à la crème
    Glaçage aux amandes
    Glaçage riche en chocolat
    Pâte d'amande

CUPCAKES À LA LIME
    Glaçage à la lime
    Glaçage au citron
    Glaçage relevé à l'orange
    Sirop au rhum

CUPCAKES À LA
LIQUEUR DE CERISES
    Glaçage à la liqueur
    Glaçage au chocolat blanc et
        à la crème au beurre
    Glaçage au chocolat noir
    Glaçage au fudge
    Sirop au rhum

CUPCAKES À LA MENTHE ET AUX PÉPITES DE CHOCOLAT	Glaçage à la menthe poivrée et au fromage à la crème Glaçage au champagne et à la crème au beurre Ganache au chocolat
CUPCAKES À LA MENTHE POIVRÉE	Ganache au chocolat Glaçage à la menthe poivrée et au fromage à la crème Glaçage à la noix de coco grillée et au fromage à la crème Glaçage au chocolat Glaçage au chocolat blanc et à la crème au beurre
CUPCAKES À LA RÉGLISSE	Glaçage à la guimauve Glaçage à la menthe poivrée et au fromage à la crème Glaçage à la réglisse Glaçage à la vanille Glaçage au chocolat blanc et à la crème au beurre
CUPCAKES AU BEURRE D'ARACHIDE	Glaçage à l'érable et au fromage à la crème Glaçage à la guimauve Glaçage au beurre d'arachide Glaçage au chocolat Glaçage aux bananes et à la noix de coco Glaçage aux fraises
CUPCAKES AU CAFÉ	Glaçage à la boisson irlandaise à la crème Glaçage à la réglisse Glaçage au café et au fromage à la crème Glaçage au chocolat Glaçage moka Sauce moka

CUPCAKES AU CARAMEL ET AUX POMMES	Glaçage à l'érable et au fromage à la crème Glaçage au beurre noisette Glaçage au gingembre et au fromage à la crème Sauce au caramel Sirop au rhum
CUPCAKES AU CHAMPAGNE	Ganache au chocolat Glaçage à la noix de coco grillée et au fromage à la crème Glaçage au champagne et à la crème au beurre Glaçage au chocolat blanc et à la crème au beurre Glaçage aux amandes Sauce aux fraises
CUPCAKES AU CHOCOLAT*	Ganache au chocolat blanc ou noir Glaçage à la guimauve Glaçage à la liqueur Glaçage au beurre d'arachide Glaçage relevé à l'orange Sauce aux fraises, à l'orange ou aux framboises
CUPCAKES AU CHOCOLAT À FAIBLE TENEUR EN MATIÈRE GRASSE	Glaçage 7 minutes à faible teneur en matière grasse Glaçage 7 minutes à la menthe poivrée à faible teneur en matière grasse Glaçage 7 minutes au café à faible teneur en matière grasse Glaçage 7 minutes au citron à faible teneur en matière grasse Glaçage au chocolat à faible teneur en matière grasse Glaçage au fromage à la crème à faible teneur en matière grasse
CUPCAKES AU CHOCOLAT ALLEMAND	Glaçage à la noix de coco grillée et au fromage à la crème

Presque tous les glaçages se marient bien avec cette recette. Essayez quelques-uns de ceux énumérés ici.

	Glaçage à la noix de coco et aux pacanes
	Glaçage au chocolat
	Glaçage au chocolat blanc et à la crème au beurre
	Glaçage aux bananes et à la noix de coco
	Glaçage riche en chocolat
CUPCAKES AU CHOCOLAT BLANC	Glaçage à l'eau de rose
	Glaçage au champagne et à la crème au beurre
	Glaçage au chocolat blanc et à la crème au beurre
	Ganache au chocolat blanc ou noir
	Glaçage au chocolat noir
CUPCAKES AU CHOCOLAT ET À LA BIÈRE	Glaçage à l'érable et au fromage à la crème
	Glaçage au chocolat
	Glaçage au chocolat blanc et à la crème au beurre
	Glaçage au fudge
	Glaçage aux bananes et à la noix de coco
	Glaçage relevé à l'orange
CUPCAKES AU CHOCOLAT ET AUX BISCUITS AUX PÉPITES DE CHOCOLAT	Fudge chaud et crème fouettée
	Glaçage à la menthe poivrée et au fromage à la crème
	Glaçage à l'eau de rose
	Glaçage aux fraises
	Glaçage riche en chocolat
CUPCAKES AU CHOCOLAT ET AUX CAROTTES	Glaçage à la noix de coco grillée et au fromage à la crème
	Glaçage à l'érable et au fromage à la crème
	Glaçage au chocolat et au fromage à la crème
	Glaçage au fromage à la crème
	Glaçage au gingembre et au fromage à la crème
	Glaçage relevé à l'orange

CUPCAKES AU CHOCOLAT ET AUX FRAMBOISES	Glaçage à la guimauve Glaçage au chocolat blanc et à la crème au beurre Glaçage au chocolat noir Glaçage au fromage à la crème Sauce aux framboises
CUPCAKES AU CHOCOLAT FONDU	Crème fouettée Crème glacée à la vanille ou au chocolat Glaçage à la guimauve Sauce au chocolat blanc ou noir Sauce aux framboises ou aux fraises
CUPCAKES AU CITRON	Glaçage à la noix de coco grillée et au fromage à la crème Glaçage au citron Glaçage aux fraises
CUPCAKES AU CITRON, AU GINGEMBRE ET AUX GRAINES DE PAVOT	Glaçage au chocolat blanc et à la crème au beurre Glaçage au citron Glaçage au gingembre Sauce à l'orange
CUPCAKES AU FOND NOIR	Ganache au chocolat blanc ou noir Glaçage à l'érable et au fromage à la crème Glaçage à la boisson irlandaise à la crème Glaçage au fromage à la crème Glaçage aux fraises Sauce au chocolat blanc ou noir Sauce aux framboises ou aux fraises
CUPCAKES AU GÂTEAU AU FROMAGE	Ganache au chocolat blanc ou noir Sauce au chocolat blanc ou noir Sauce aux fraises, aux framboises ou à l'orange

CUPCAKES AU KAHLÚA	Crème tiramisu
	Glaçage au café et au fromage à la crème
	Glaçage au chocolat blanc et à la crème au beurre
	Glaçage au chocolat noir
	Glaçage moka
	Sauce moka
CUPCAKES AU LAIT DE POULE	Crème fouettée à la cannelle
	Glaçage à la liqueur
	Glaçage au chocolat blanc et à la crème au beurre
	Glaçage riche en chocolat
	Sirop au rhum
CUPCAKES AU MAÏS	Glaçage à la noix de coco et aux pacanes
	Glaçage au beurre d'arachide
	Glaçage au beurre noisette
	Glaçage au chocolat
	Glaçage au fromage à la crème
	Glaçage au gingembre et au fromage à la crème
CUPCAKES AU PAIN D'ÉPICE	Glaçage à l'érable et au fromage à la crème
	Glaçage au citron
	Glaçage au fromage à la crème
	Glaçage au gingembre et au fromage à la crème
	Glaçage aux bananes et à la noix de coco
CUPCAKES AU PIÑA COLADA	Glaçage à la lime
	Glaçage à la liqueur
	Glaçage à la noix de coco et aux pacanes
	Glaçage à la noix de coco grillée et au fromage à la crème
	Glaçage au citron
	Sirop au rhum
CUPCAKES AUX AMANDES	Glaçage à la liqueur
	Glaçage au café et au fromage à la crème
	Glaçage au chocolat blanc et à la crème au beurre

Glaçage au chocolat noir
Glaçage aux amandes
Pâte d'amande

CUPCAKES AUX BANANES

Glaçage à la noix de coco grillée
et au fromage à la crème
Glaçage au chocolat blanc et
à la crème au beurre
Glaçage au fudge
Glaçage aux bananes et à la noix de coco
Glaçage aux macarons au chocolat

CUPCAKES AUX BLEUETS

Glaçage à la noix de coco et aux pacanes
Glaçage à la vanille
Glaçage au citron
Glaçage au fromage à la crème
Glaçage au gingembre et
au fromage à la crème

CUPCAKES AUX BLEUETS ET AUX FRAMBOISES

Glaçage à l'érable et au fromage à la crème
Glaçage au chocolat
Glaçage au chocolat blanc et
à la crème au beurre
Glaçage au fromage à la crème
Sauce aux framboises

CUPCAKES AUX BROWNIES

Ganache au chocolat
Glaçage à la réglisse
Glaçage au chocolat noir
Glaçage aux bananes et à la noix de coco

CUPCAKES AUX CANNEBERGES

Glaçage à l'érable et au fromage à la crème
Glaçage à la noix de coco grillée
et au fromage à la crème
Glaçage au chocolat noir
Glaçage au gingembre et au
fromage à la crème

CUPCAKES AUX CAROTTES À FAIBLE TENEUR EN MATIÈRE GRASSE

Glaçage 7 minutes à faible
teneur en matière grasse
Glaçage au chocolat à faible
teneur en matière grasse

	Glaçage au fromage à la crème à faible teneur en matière grasse
CUPCAKES AUX COURGETTES	Glaçage à l'érable et au fromage à la crème
	Glaçage au beurre noisette
	Glaçage au chocolat
	Glaçage au citron
	Glaçage au fromage à la crème
	Glaçage au gingembre et au fromage à la crème
CUPCAKES AUX ÉPICES	Cupcakes aux fraises
	Glaçage à l'érable et au fromage à la crème
	Glaçage à la noix de coco et aux pacanes
	Glaçage à la vanille
	Glaçage au beurre d'arachide
	Glaçage au fromage à la crème
	Glaçage au fudge
	Glaçage aux bananes et à la noix de coco
	Glaçage aux fraises
	Glaçage aux macarons au chocolat
	Glaçage fromage à la crème
	Glaçage relevé à l'orange
CUPCAKES AUX FRAISES ET À LA LIME	Glaçage à la lime
	Glaçage à la noix de coco grillée et au fromage à la crème
	Glaçage au champagne et à la crème au beurre
	Glaçage aux bananes et à la noix de coco
	Glaçage aux fraises
	Sirop au rhum
CUPCAKES AUX GRAINS DE JAVA	Glaçage à la boisson irlandaise à la crème
	Glaçage à la menthe poivrée et au fromage à la crème
	Glaçage au café et au fromage à la crème
	Glaçage au chocolat noir
	Glaçage moka
	Sauce moka

CUPCAKES AUX MACARONS AU CHOCOLAT	Glaçage à la noix de coco et aux pacanes
	Glaçage à la noix de coco grillée et au fromage à la crème
	Glaçage au chocolat noir
	Glaçage au fromage à la crème
	Glaçage aux bananes et à la noix de coco
	Glaçage aux macarons au chocolat
CUPCAKES AUX NOISETTES ET AU CAFÉ	Glaçage à la boisson irlandaise à la crème
	Glaçage au café et au fromage à la crème
	Glaçage au fudge
	Glaçage moka
	Glaçage riche en chocolat
	Sauce moka
CUPCAKES AUX PÉPITES DE CHOCOLAT ET À LA CANNELLE	Crème fouettée à la cannelle
	Glaçage à l'érable et au fromage à la crème
	Glaçage à la vanille
	Glaçage au chocolat blanc et à la crème au beurre
	Glaçage au fudge
	Glaçage au gingembre et au fromage à la crème
CUPCAKES AUX POMMES	Garniture noix-pommes-raisins secs
	Glaçage à l'érable et au fromage à la crème
	Glaçage au beurre d'arachide
	Glaçage au gingembre et au fromage à la crème
	Sauce au caramel
CUPCAKES BISCUITS ET CRÈME	Glaçage à la guimauve
	Glaçage au fudge
	Glaçage moka
CUPCAKES BLANCS*	Glaçage à la guimauve
	Glaçage à la réglisse
	Glaçage au fromage à la crème
	Glaçage au fudge
	Glaçage aux fraises

Presque tous les glaçages se marient bien avec cette recette. Essayez quelques-uns de ceux énumérés ici.

CUPCAKES BLANCS À FAIBLE TENEUR EN MATIÈRE GRASSE	Glaçage 7 minutes à faible teneur en matière grasse
	Glaçage 7 minutes à la menthe poivrée à faible teneur en matière grasse
	Glaçage 7 minutes au café à faible teneur en matière grasse
	Glaçage 7 minutes au citron à faible teneur en matière grasse
	Glaçage au chocolat à faible teneur en matière grasse
	Glaçage au fromage à la crème à faible teneur en matière grasse
CUPCAKES BLANCS VÉGÉTALIENS	Glaçage végétalien au café
	Glaçage végétalien au chocolat
	Glaçage végétalien au fromage à la crème
	Glaçage végétalien aux baies
CUPCAKES BRISE DE MER	Glaçage à la lime
	Glaçage à la liqueur
	Glaçage au citron
	Sirop au rhum
CUPCAKES DORÉS*	Ganache au chocolat blanc ou noir
	Glaçage aux fraises
	Glaçage royal
	Sauce aux framboises, aux fraises ou à l'orange
CUPCAKES FLOTTEUR À LA RACINETTE	Glaçage à l'érable et au fromage à la crème
	Glaçage à la guimauve
	Glaçage à la vanille
CUPCAKES FOURRÉS À LA CRÈME	Crème pâtissière
	Crème tiramisu
	Ganache au chocolat blanc ou noir
	Glaçage à la boisson irlandaise à la crème
	Glaçage au chocolat blanc et à la crème au beurre
	Glaçage au chocolat noir

* Presque tous les glaçages se marient bien avec cette recette. Essayez quelques-uns de ceux énumérés ici.

CUPCAKES MOKA	Crème fouettée
	Glaçage à la menthe poivrée et
	au fromage à la crème
	Glaçage au café et au fromage à la crème
	Glaçage moka
	Sauce au caramel
	Sauce moka
CUPCAKES MOKA À LA MENTHE POIVRÉE	Crème fouettée à la cannelle
	Glaçage à la menthe poivrée et
	au fromage à la crème
	Glaçage au café et au fromage à la crème
	Glaçage au chocolat noir
	Glaçage moka
CUPCAKES RICHES EN CHOCOLAT	Ganache au chocolat blanc ou noir
	Glaçage au chocolat blanc et
	à la crème au beurre
	Glaçage au chocolat et au
	fromage à la crème
	Glaçage aux amandes
	Glaçage aux bananes et à la noix de coco
	Glaçage riche en chocolat
CUPCAKES TRES LECHES	Crème fouettée
	Glaçage aux amandes
	Sauce à l'orange, aux framboises
	ou aux fraises
	Sauce au chocolat noir
CUPCAKES VEGÉTALIENS AU CHOCOLAT	Glaçage végétalien au café
	Glaçage végétalien au chocolat
	Glaçage végétalien au fromage à la crème
	Glaçage végétalien aux baies

COMBINAISON DE RECETTES DE CUPCAKES ÉTAGÉS ET MARBRÉS

Marbrer ou étager deux ou trois recettes de cupcakes est une façon innovatrice de marier les saveurs. Ce tableau est une référence pratique pour les combinaisons de recettes de cupcakes. Consultez le tableau des cupcakes et des glaçages pour avoir des idées afin d'essayer des glaçages et des garnitures.

	Sont délicieux avec
CUPCAKES À L'ÉRABLE ET AUX NOIX	Cupcakes à la citrouille Cupcakes au chocolat Cupcakes au pain d'épice
CUPCAKES À L'ORANGE	Cupcakes au chocolat Cupcakes au citron Cupcakes aux fraises
CUPCAKES À LA CITROUILLE	Cupcakes au chocolat Cupcakes aux épices
CUPCAKES À LA LIME	Cupcakes à l'orange Cupcakes au citron Cupcakes brise de mer
CUPCAKES À LA MENTHE POIVRÉE	Cupcakes à la menthe et aux pépites de chocolat Cupcakes moka Cupcakes riches en chocolat
CUPCAKES AU BEURRE D'ARACHIDE	Cupcakes au chocolat Cupcakes aux bananes Cupcakes aux fraises
CUPCAKES AU CAFÉ	Cupcakes au chocolat et aux pépites de chocolat Cupcakes au lait de poule Cupcakes moka à la menthe poivrée

	Sont délicieux avec
CUPCAKES AU CHAMPAGNE	Cupcakes au chocolat Cupcakes au chocolat blanc Cupcakes au citron
CUPCAKES AU CHOCOLAT	Cupcakes à l'orange Cupcakes à la menthe poivrée Cupcakes au beurre d'arachide Cupcakes au café Cupcakes aux amandes Cupcakes aux bananes Cupcakes blancs Cupcakes dorés
CUPCAKES AU CHOCOLAT ALLEMAND	Cupcakes à l'érable et aux noix Cupcakes à l'orange
CUPCAKES AU CHOCOLAT BLANC	Cupcakes à la menthe poivrée Cupcakes au chocolat Cupcakes aux fraises
CUPCAKES AU CHOCOLAT ET AUX FRAMBOISES	Cupcakes au chocolat Cupcakes au chocolat blanc Cupcakes dorés
CUPCAKES AU CHOCOLAT ET AUX PÉPITES DE CHOCOLAT	Cupcakes à l'érable et aux noix Cupcakes à la menthe poivrée Cupcakes au chocolat blanc
CUPCAKES AU CITRON	Cupcakes aux carottes à faible teneur en matière grasse Cupcakes aux fraises
CUPCAKES AU LAIT DE POULE	Cupcakes à la réglisse Cupcakes au chocolat Cupcakes aux épices
CUPCAKES AU PAIN D'ÉPICE	Cupcakes au chocolat Cupcakes au lait de poule Cupcakes dorés

	Sont délicieux avec
CUPCAKES AUX AMANDES	Cupcakes à l'orange Cupcakes au café Cupcakes au chocolat
CUPCAKES AUX BANANES	Cupcakes à l'érable et aux noix Cupcakes aux fraises
CUPCAKES AUX BLEUETS	Cupcakes à l'orange Cupcakes au citron Cupcakes aux fraises et à la lime
CUPCAKES AUX CANNEBERGES	Cupcakes au chocolat Cupcakes au pain d'épice
CUPCAKES AUX COURGETTES	Cupcakes à l'érable et aux noix Cupcakes aux carottes à faible teneur en matière grasse Cupcakes aux épices
CUPCAKES AUX ÉPICES	Cupcakes à l'érable et aux noix Cupcakes à l'orange Cupcakes aux pommes
CUPCAKES AUX FRAISES	Cupcakes au chocolat Cupcakes aux bleuets Cupcakes aux pommes
CUPCAKES AUX POMMES	Cupcakes au beurre d'arachide Cupcakes aux bananes Cupcakes aux canneberges
CUPCAKES BLANCS	Cupcakes à l'érable et aux noix Cupcakes à la citrouille Cupcakes au chocolat Cupcakes au pain d'épice Cupcakes aux pommes
CUPCAKES DORÉS	Cupcakes à l'orange Cupcakes au café Cupcakes au champagne

Sont délicieux avec

Cupcakes au chocolat
Cupcakes au citron
Cupcakes aux amandes
Cupcakes aux épices
Cupcakes aux fraises
Cupcakes aux pommes

CUPCAKES MOKA

Cupcakes au Kahlúa
Cupcakes au lait de poule
Cupcakes dorés

SUGGESTIONS D'AJOUTS D'ALIMENTS

BISCUITS ÉCRASÉS	Biscuits au gingembre
	Biscuits Graham
	Biscuits sandwich au chocolat
	Cornets gaufrés
	Gaufrettes sucrées
BONBONS	Barres chocolatées hachées
	Bonbons à la menthe poivrée, concassés
	Bonbons à la racinette, concassés
	Bonbons au caramel écossais, concassés
	Bonbons aux agrumes, concassés
	Caramels
	Céréales aux fruits
	Céréales de riz
	Grains d'expresso recouverts de chocolat
	Guimauves
	Maïs soufflé
	Morceaux de chocolat
	Nougatine aux arachides
	Paillettes colorées
	Paillettes de chocolat
	Raisins secs enrobés de caroube
	Raisins secs enrobés de chocolat
	Raisins secs recouverts de yogourt
	Tire
CONFITURES ET GELÉES	Abricots
	Abricots et ananas
	Beurre de pomme
	Bleuets
	Cerises
	Cerises noires
	Confiture d'oranges
	Fraises
	Framboises
	Gingembre
	Kiwis
	Menthe

Combinaison de saveurs et idées de design

	Mûres
	Mûres de Boysen
	Pêches
	Raisin
	Raisins blancs
	Raisins de Corinthe noirs
	Tartinade à l'orange
	Tartinade au citron
	Tartinade aux fraises
	Tartinade aux framboises
ÉPICES	Cannelle
	Gingembre
	Graines de carvi
	Graines de fenouil
	Graines de pavot
	Graines de sésame
	Menthe
	Muscade
	Piment de la Jamaïque
FRUITS*	Abricots
	Ananas
	Bananes
	Bleuets
	Canneberges
	Cerises au marasquin
	Cerises noires
	Figues
	Kiwis
	Macédoine de fruits
	Mandarines
	Mangues
	Papayes
	Pêches
	Poires
	Pommes
FRUITS SÉCHÉS	Abricots
	Ananas séchés

Les fruits peuvent être frais, en conserve ou surgelés.

Canneberges séchées
Cerises Bing séchées
Dates
Figues
Morceaux de bananes
Noix de coco grillée
Noix de coco râpée ou en flocons
Prunes
Raisins de Corinthe
Raisins secs (dorés ou bruns)
Rondelles de pommes
Tranches de gingembre
Tranches de goyave
Tranches de mangue
Tranches de papaye

NOIX

Amandes
Arachides
Arachides rôties au miel
Beurre d'arachide
Beurre de noix de cajou
Graines de citrouille
Graines de tournesol
Marrons rôtis
Mélange pour fêtes
Noix
Noix de cajou
Noix du Brésil
Noisettes
Noix de macadamia
Pacanes
Pignons

PÉPITES ET MORCEAUX

Morceaux de cannelle
Morceaux de caramel anglais
Morceaux de caramel écossais
Morceaux de menthe
Pépites de beurre d'arachide
Pépites de chocolat (blanc, au lait,
    mi-sucré; mini, ordinaires, grosses)
Pépites de chocolat à la menthe
Pépites de chocolat au beurre d'arachide

ZESTES	Citron
	Lime
	Orange
	Pamplemousse

MODÈLES CIRCULAIRES POUR CUPCAKES

Vous pouvez utiliser des bonbons, des noix, des zestes, des fruits, des biscuits et des fruits séchés de différentes formes et saveurs pour créer des motifs sur les cupcakes. Voici des modèles circulaires à suivre pour placer les garnitures de votre choix.

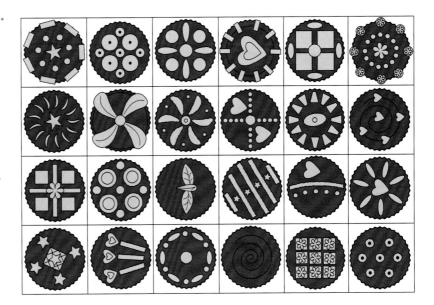

MODÈLES DE VISAGES POUR CUPCAKES

Créez des personnages et des personnalités en plaçant des bonbons de différentes formes et saveurs et des garnitures sur vos cupcakes. Voici des modèles de visage à suivre pour placer les garnitures de votre choix.

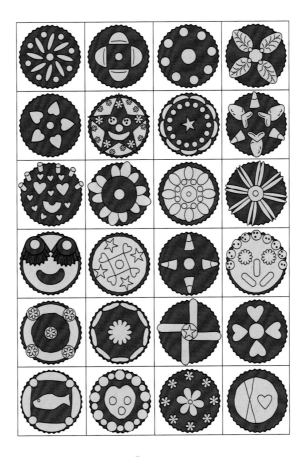

Index

Au sujet de l'auteure

Krystina Castalla est une conceptrice industrielle et une professeure qui conçoit des environnements, du mobilier, des vêtements, des fournitures de bureau, des articles ménagers, des jouets et des cupcakes. *Fou des cupcakes* associe son amour de toujours pour la patisserie avec son expérience d'enseignement et de design. Elle vit à Los Angeles, Californie, avec son mari, Brian, et sa tortue, George.